軽量粘土をプラス
お洒落なパンアートの花
CLAY ART FLOWER

斉藤さち子著

トルコキキョウ／参考作品

アンスリウム／作り方63ページ

華やいで
Flower Arrangement

大切な人を初めて迎える場所、
玄関やリビングに華やかでインパクトのある花を…
嬉しい気持ちが伝わります。

ゲットーの実／作り方62ページ

イギリスローズ／作り方64ページ

セルルリア／作り方59ページ

エレガンス
Flower Arrangement

お部屋のコーナーやテーブルの上に
伸びやかなラインが魅力のエレガントな花を…
楽しい会話がはずみます。

アリウム／作り方58ページ

楽しく
Flower Arrangement

想い出をそのまま残したい、
軽やかなメロディーが聞こえてきそうな
丸いフォルムの花をメインに…

ストック／作り方66ページ

ゴージャスに
Flower Arrangement

明るさがほしい場所に
存在感のある花をたっぷりとアレンジ…
ゴージャスな花が効果的。

（上）チョコレートコスモス／作り方55ページ
（下）アルストロメリア原種／参考作品

さりげなく
Flower Arrangement

身近な空間に
いつも花がある安らぎ…
さりげなさが魅力。

(上)シロツメグサ／作り方61ページ
(下)ルリタマアザミ／作り方57ページ

クルクマ／作り方56ページ

遊び心で

Flower Arrangement

リビングのテーブルに
遊び心のある花を気軽にアレンジ…
くつろぎの中でのおもてなし。

アルストロメリア／作り方54ページ

（上）銅板の壁飾り／作り方90ページ
（下）ルームアクセサリー
　　　作り方89ページ

キャンドルスタンド／作り方82ページ

アンティークな
Interior Flower

渋くて雰囲気のあるインテリア
アンティークな空間が生まれます。
アートならではの世界…

壁飾り／作り方85ページ

パステルカラーで

Interior Flower

淡く優しい色合いが
夢のあるおしゃれな部屋を演出します。
ときにはロマンティックに…

電気スタンド／作り方88ページ

ノバラのリース／作り方86ページ

トピアリー／作り方46ページ

ナチュラルに
Interior Flower

自然の素材をモチーフに…
しっくりとなじんで心がなごみます。
お部屋の素敵なアクセント。

春夏秋冬の額／作り方87ページ
タペストリー／作り方90ページ

モダン・クリスマス
Interior Flower

しずかな、静かなクリスマス
手作りのプレゼントを贈ります。
天使の歌が聞こえそう…

クリスマスリース／参考作品
キャンドルスタンド／参考作品

ボトルリング／作り方91ページ
ギフトフラワー／参考作品
クリスマスの額／作り方84ページ

ヘッドドレス／参考作品
キャスケードブケー（モナルダ）
作り方76ページ

アームブケー／作り方70ページ

ブライダルブケー
Bridal Flower

グレイスフル…
あこがれのブケー、
清楚で愛らしいあなたに。

(上)
ヘッドドレス／作り方78ページ
ブートニア／参考作品
フラワーボールブケー／参考作品
(下)
ブレスレット／作り方78ページ
バスケットブケー／作り方72ページ
ヘッドドレス／参考作品

ダイヤモンドリリー／作り方67ページ
サンキライ／作り方69ページ

替え衿／参考作品

ウェディングセレモニー
Bridal Flower

優しさに見守られて
新しい旅立ち…
晴れやかで厳粛なセレモニー。

フラワーバッグブケー
作り方77ページ
フラワーハット／参考作品

キャスケードブケー（カサブランカ）
作り方74ページ

メモリー
Bridal Flower

高原のチャペルで
永遠のウェディングメモリー。
そよ風も爽やかに祝福を…

ウェディングハット
／作り方91ページ

ウェルカムボード
／作り方80ページ

ウォールブーケ／作り方81ページ

二人で持つブケー／参考作品

ウェディングパーティー
Bridal Flower

楽しい仲間が集まって
華やかにスペースを飾ります。
二人の門出を祝って…

花嫁の靴／参考作品
フラワーバッグブケー／参考作品

1.小花のイヤリング／作り方92ページ
2.白いハートのブローチ／作り方93ページ
3.リングのイヤリング／作り方92ページ
その他は参考作品

アクセサリー
Accessory

慶びの日にふさわしいアクセサリー、
素敵に作って飾りましょう。
気品と華やかさを忘れないで…

1. ハートのブローチ／作り方94ページ
2. 三日月のブローチ／作り方94ページ
3. 木の実のブローチ／作り方93ページ
4. ボタンのブローチ／作り方44ページ
その他は参考作品

【プロセス】

ハイビスカスのブレスレット

カバー・目次

純白のドレスにぴったりの、パステルカラーのブレスレット。全体が丸くなるように、花や葉を差し込みます。パールカラーを塗ってソフトに華やかに仕上げましょう。ハワイアンウェディングのイメージで…。

でき上がり寸法／縦11cm

1 花を作る

2 葉を作る

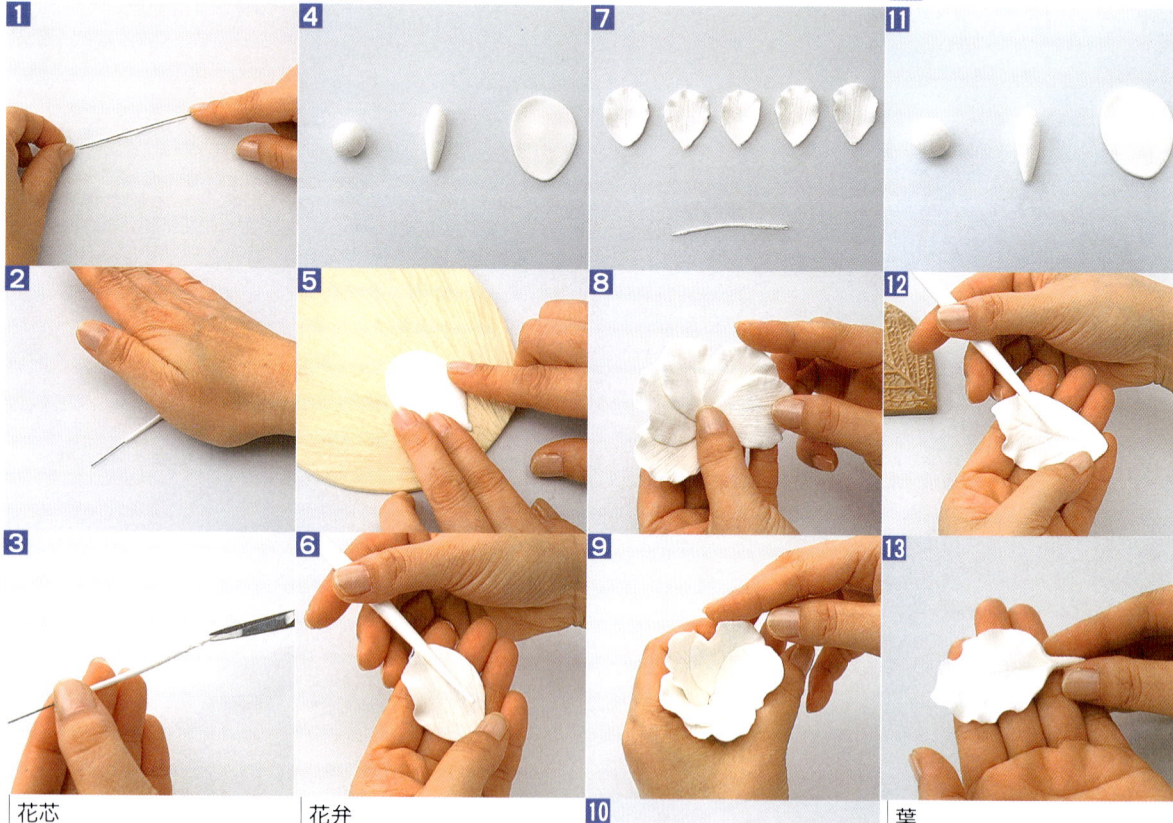

花芯
1 直径0.8cmの粘土を3cmに伸ばし#26ワイヤー1/4を置く。
2 手のひらでころがしてワイヤーを粘土で巻く。
3 花芯の先1/3ぐらいにハサミの先で切り込みを入れる。

花弁
4 直径1.6cmの玉を3cmの涙形にし、プレスする。
5 花型の上に置いてしっかり押さえ、花脈をつける。
6 花弁の縁に細工棒でフリルをつける。

組み方
7 花芯1本、花弁5枚を用意する。
8 花弁5枚を、追い掛けに並べる。
9 並べた花弁を丸く形作り、指で中心を押す。
10 中心に花芯を入れて花弁がつくように基部を押さえる。

葉
11 直径2cmの玉を3.5cmの涙形にし、プレスする。
12 葉型の上に置いて葉脈をつけ、細工棒でフリルをつける。
13 葉の下部を差し込みやすくするために指で丸くすぼめる。

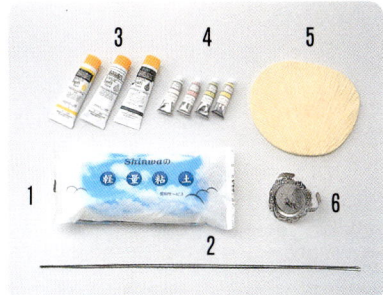

● 材料
1. 軽量粘土
2. ワイヤー（#26）
3. アクリル絵の具
4. パールカラー
5. 汎用の花型
6. ブレスレットの金具

☆ポイント
花弁に柔らかな表情をつけて、ふんわりと形作ります。金具に粘土をつけるとき、瞬間接着剤を一滴落とすとしっかりと固定します。

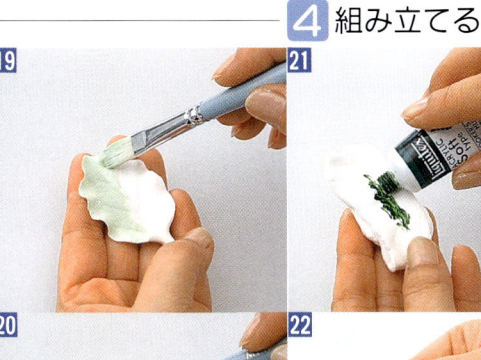

3 彩色する

彩色（花）
14 花全体をホワイトで地塗りする。
15 パールピンクで花弁の縁から中心の2/3まで薄く塗る。
16 花の中心にイエローミディアムアゾを塗る。
17 パールピンクとパールホワイトで全体を塗り重ねる。
18 花芯をパールゴールドで塗る。

彩色（葉）
19 パールグリーンとパールホワイトを混ぜて地塗りする。
20 葉の先端にパールイエローを塗り、アクセントにする。

4 組み立てる

土台
21 粘土にフーカスグリーンヒューを混ぜる。
22 手で丁寧に練り込む。
23 金具の全面にボンドを塗る。
24 丸めた粘土を金具にのせて山形にしながらしっかりつける。

まとめ
25 花の基部1cmのところをハサミでカットする。
26 土台の周りに葉を7枚、ボンドをつけて差し込む。
27 葉と葉の間に花を5個、中心に花を1個、空いているところに5枚の葉を差し込んで仕上げる。

大輪のバラ／作り方50ページ
ステルンクーゲル／作り方60ページ

飾る
Flower Arrangement

ゴージャスなバラ、
個性的なアンスリウム、
美しい形と素敵な色のハーモニー…

はじめに

創造、創作、手作り、アート
イマジネーション、クリエイティブ、
表現はいろいろあるが
一つ一つ説明していてはつまらない
今の時代の中で
個にこだわることはもうやめよう
大切なのは作りたい、作っていきたいと思う
熱いハート、熱いエネルギー…
そして完成の喜び
創った者だけにしか分かり得ない感動！

　この本には軽量粘土を素材として作られた作品が多く紹介されています。昨年、軽量粘土が開発され、創作の幅が広がったことは言うまでもありませんが、特に私が嬉しく思うことは、当スタジオが、長年、卒業作品のテーマとして作り続けてきたブーケに、この新しい粘土が最適だと思えることです。シルクのドレスに軽量粘土で作ったアクセサリー、ブライダルを飾るブーケとブートニア、壁面を飾るウオールブーケなど、またテーブルアレンジメントも軽く仕上がるため、とても扱いやすくなりました。今後、またこのような機会がありましたら、装いの花関係のものを中心にまとめてみたいと思っております。
　最後にこの本を出版するに当たりご協力いただいた当スタジオの先生方、カメラマンの田島氏、マコー社の皆様に厚くお礼申し上げます。

斉藤さち子

パンアートの基礎

〈材料と用具・作品の作り方・ブケー〉

材料と用具

〈粘　土〉

●軽量粘土／作品が軽く仕上がるのでパン粘土と混ぜて使うことで、パン粘土の重さが改良されます。単独で使うこともあります。
（軽量粘土の特徴参照）

●超軽量粘土／最も軽い粘土で、軽さを生かしてレリーフ、アクセサリーなどに使います。花芯など花の一部分に使うこともあります。

●ファリネッタ／小麦粉を原料にしたパン粘土で、コスモス、グレイスなどの樹脂粘土と混ぜると使いやすいでしょう。

●コスモス／白色の樹脂粘土でファリネッタと混ぜて使うのが一般的です。透明感があり、ひび割れしません。

●グレイス／白色の樹脂粘土で最も透明感があり、薄く伸びて強いのが特徴です。パン粘土と混ぜて使いますが、花を作る場合、バラのがくなどの割れやすい部分には単独で使います。

●フレッシュ／弾力があって扱いやすいので、初心者に最適です。グレイスと混ぜて使うとよいでしょう。

●カラーコスモス／パン粘土や軽量粘土に混ぜて使う色出し用のカラー粘土です。

●シェルリッチ／陶花風の作品作りに最適で、布のように薄く伸びて扱いやすく、繊細に、ソフトにでき上がります。

●マイネッタ／石粉粘土で伸びがよく、手につかないので扱いやすく、かごを編んだり、器、人形に使います。

●ニューソフトマイネッタ／軟らかい石粉粘土です。人形、レリーフに使います。

●プロフェッショナルマイネッタ／薄く伸びる最も強い石粉粘土で、上級者向きです。工芸、人形などに使います。

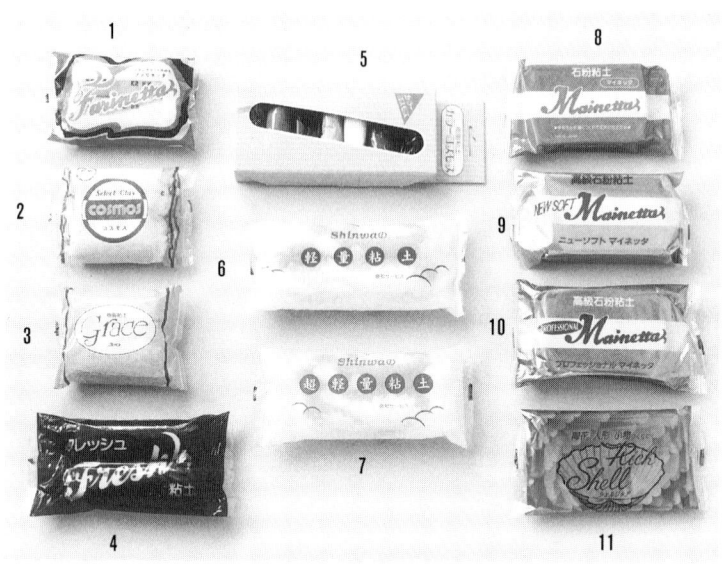

1 ファリネッタ
2 コスモス
3 グレイス
4 フレッシュ
5 カラーコスモス
6 軽量粘土
7 超軽量粘土
8 マイネッタ
9 ニューソフトマイネッタ
10 プロフェッショナルマイネッタ
11 シェルリッチ

★粘土の扱い方

1 6か月以内に使う
粘土が硬くならないで使える期間は約6か月ぐらいなので、なるべく早く使うようにします。夏より冬の方が硬くなりやすいので、硬くなった場合は、こたつの中やストーブの側において温めると良いでしょう。

2 使いかけの粘土は？
乾燥を防ぐために、ラップ、またはビニール袋に入れて、密閉容器などに入れておきます。マイネッタなどの石粉粘土は、水で絞ったタオルで包み、ビニール袋に入れておきます。

3 きれいな手で扱う
粘土を扱う前には、必ず手をきれいにします。汚れた手で扱うと粘土が黒ずんで汚くなります。

〈絵の具〉

●油絵の具／粘土に練り込んだり、でき上がった花に塗ります。ファリネッタなどの従来のパン粘土に使います。

●アクリル絵の具／水性で扱いやすいのですが、速乾性ですので手早く塗ります。アクセサリーや軽量粘土の作品に塗ります。

●パールカラー／ソフトな色合いに仕上げた作品に華やかさを出したいときに塗ります。

●筆／油絵の具、アクリル絵の具兼用筆で、特に4号、6号、8号を使います。

●ペインティングオイル／油絵の具の溶き油です。

●クリーナー／油絵の具を使った筆を洗います。

●つや出し仕上げ液／作品を仕上げるとき、最後に塗ってつやを出します。

●専用うすめ液／つや出し液に混ぜたり、筆を洗うのに使います。

●茎まきまき／液体の粘土で、太い茎を作る場合、筆で塗ります。

〈その他の材料〉

●ワイヤー／緑地巻きワイヤーを使います。

●フローラテープ（Fテープ）／花や葉をまとめたり茎を作るとき、ワイヤーに巻きます。

●木工用ボンド／花弁や葉、ワイヤーなどを接着させるときに使います。

●ペップ／花のしべやアクセサリーに使います。

●けしの実／しべの先にボンドでつけて、おしべやめしべにします。

●麻なわ／ほぐして、適当な長さにカットしてから花のしべに使います。

●キララ／作品の一部を光らせたり、華やかさを出したいときに使います。

●スタイロフォーム、油粘土／制作中の花を差して乾燥させたり、器の中に入れて土台にします。

●アルミホイル／でき上がった花を乾燥させるとき、形を整えるのに使います。

●ラップ／使用中の粘土が乾燥しないように、必ず包んでおきます。

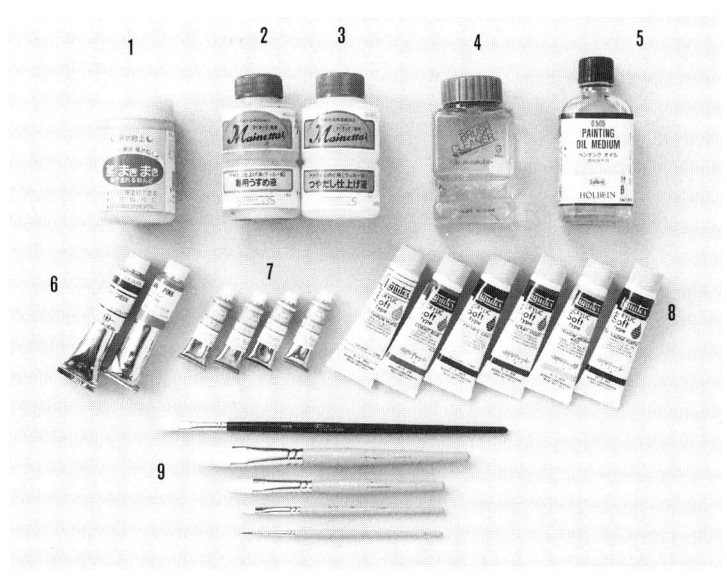

1 茎まきまき
2 専用うすめ液
3 つやだし仕上げ液
4 クリーナー
5 ペインティングオイル
6 油絵の具
7 パールカラー
8 アクリル絵の具
9 筆

1 ワイヤー
2 フローラテープ
3 けしの実
4 ペップ
5 麻なわ
6 キララ
7 木工用ボンド
8 ラップ
9 アルミホイル
10 油粘土
11 スタイロフォーム

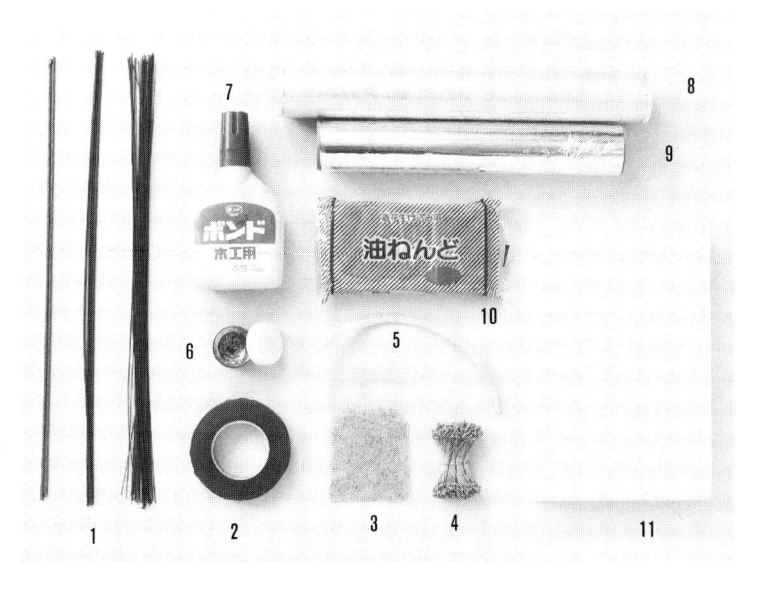

〈用 具〉

●のし棒／粘土を平らに大きく伸ばすときに使います。
●ミニプレス器、プレス器／丸めて涙形や浮き形にした粘土を平らに伸ばして花弁や葉にします。
●粘土板シート／軽量粘土用に作られたシートで、この上で作業をすると粘土がくっつきにくく、扱いが楽になります。
●カッター、カットローラー／大きな花弁や葉を型紙に沿ってカットするときに使います。
●丸ごて／花弁や葉に柔らかなふくらみや丸みをつけるときに使います。
●伸ばし棒／花弁を伸ばして開いたり、フリルをつけて表情をつけるのに使います。
●細工棒／花弁に線をつけたり、伸ばしたりします。プラスチックとテフロンの2種類があり、軽量粘土にはプラスチック細工棒を使います。
●セラミック波棒／花弁に浅い線をつけるときに使います。
●ハサミ・パン粘土用ハサミ／粘土をカットしたり、切り込みを入れます。
●ペンチ／ワイヤーを曲げたり、カットします。
●顔の抜き型／人形の顔を作るとき、粘土を押し込んで抜き取ります。
●竹ぐし／粘土をつついて、くぼみをつけます。
●花弁台／花弁にふくらみをつけた後、上にかぶせて乾燥させます。

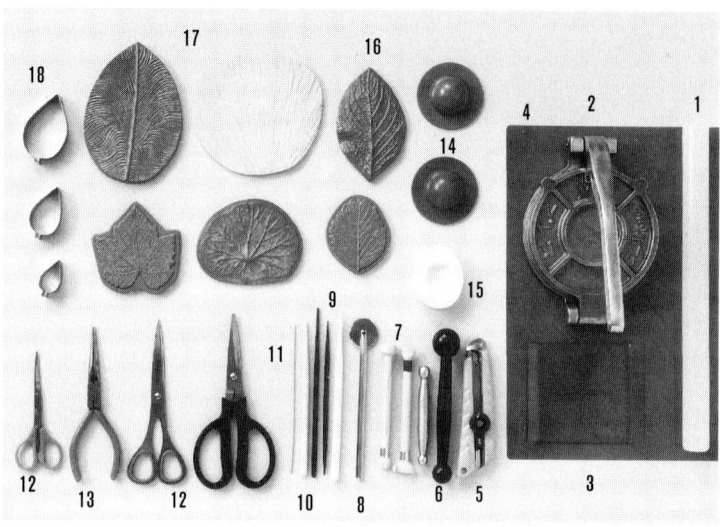

1 のし棒	10 波棒
2 プレス器	11 竹ぐし
3 ミニプレス器	12 ハサミ
4 粘土板シート	13 ペンチ
5 カッター	14 花弁台
6 丸ごて	15 顔の抜き型
7 新刻印	16 葉型
8 カットローラー	17 花弁しぼり
9 細工棒．伸ばし棒	18 葉の抜き型

●葉型／葉に葉脈をつけます。イチゴ、アジサイ、ブドウなど数種類の葉型があります。
●花弁しぼり／カトレアなどの花弁に筋をつけるのに使います。
●葉の抜き型／伸ばした粘土を葉の形に型抜きします。
●新刻印／人形やかごなどに押しつけて、模様をつけます。

★軽量粘土の特徴

袋から取り出した直後は少しべたついていますが、練っているうちに、ソフトな感触で布のような風合いを感じさせる粘土です。パンアート本来の質感とゴージャスさを求めるには、必ず従来のパン粘土を混ぜて使いますが、軽量粘土の誕生で〝重さ〟が解消されて新しいパンアートの作品ができ上がります。

①作品が軽く仕上がる
従来のパン粘土より作品が軽く仕上がりますので持ち運びが楽で、割れにくくなりました。

②速乾性
乾燥させるのに時間がかからないので、作品作りが早く進みます。逆に、使いかけの粘土は乾燥しやすいので必ずラップで包んでおきます。

③同化しやすい
軽量粘土だけで作品を作る場合、粘土同士が同化しやすいので、ボンドを使わなくてもくっつきます。

④アクリル絵の具で彩色
軽量粘土に油絵の具はなじみにくいので、アクリル絵の具で地塗りをしてから、さらにアクリル絵の具、または油絵の具を塗り重ねます。

作品の作り方

〈花弁の作り方〉
●切り込みを入れる

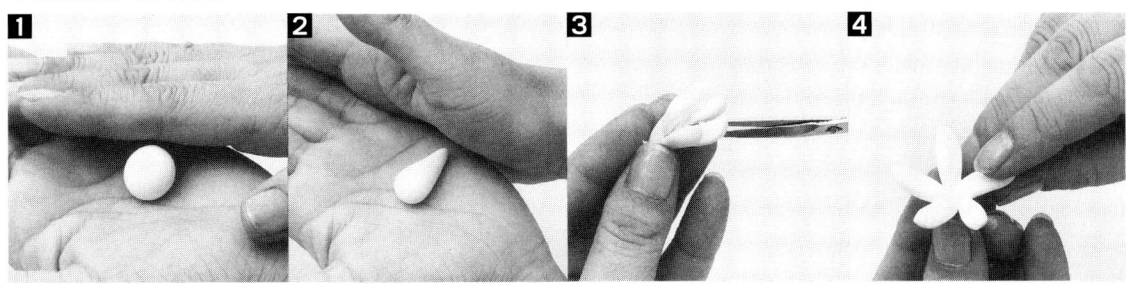

1 必要な量の粘土を丸める。
2 基本の形にする（ここでは涙形）。
3 ハサミで切り込みを入れる。
4 1枚ずつ指で開く。
5 細工棒を使って伸ばしながら開く。
6 ワイヤーの先に粘土をつけて花芯にし、上から花弁の中央に差し込む。

●型紙を使う

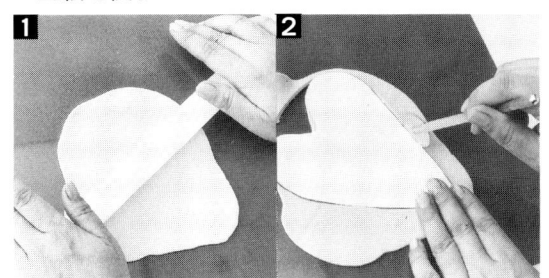

1 2 のし棒を使って粘土を大きく薄く伸ばし、型紙をのせてカットローラーで切る。

● 1枚ずつ作る

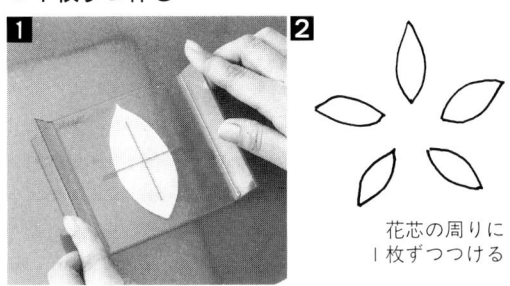

花芯の周りに1枚ずつつける

1 2 花弁をプレス器で1枚ずつ作り、花芯の周りにつけてゆく。

★ポイント
1 粘土は指でよく練ってから丸めます。
2 基本の形には、涙形、俵形、浮き形、葉形の4種類があります。作る花や、葉の種類によって大きさや形を決めます。 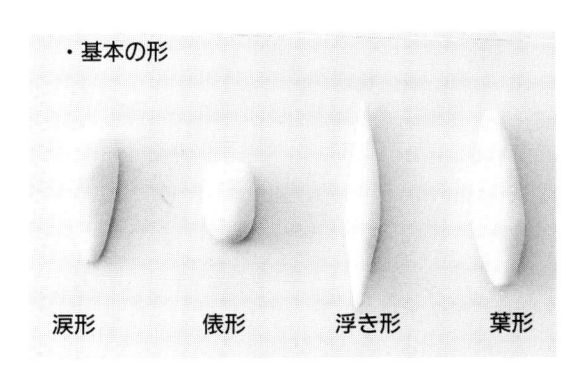
3 切り込みの枚数は、花の種類によって変わります。

・基本の形

涙形　俵形　浮き形　葉形

・切り込みの入れ方

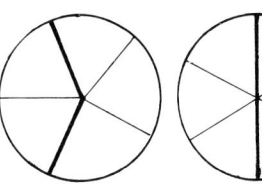

5カット
3：2に切り込みを入れ、それぞれを3等分と2等分にする

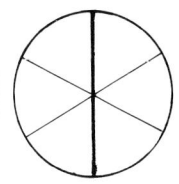

6カット
2等分してからそれぞれを3等分する

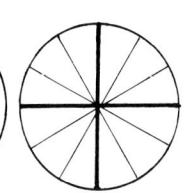

12カット
4等分してからそれぞれを3等分する

〈葉の作り方〉

● 1枚ずつプレスする　　●抜き型で抜く　　●ハサミで切り込みを入れる

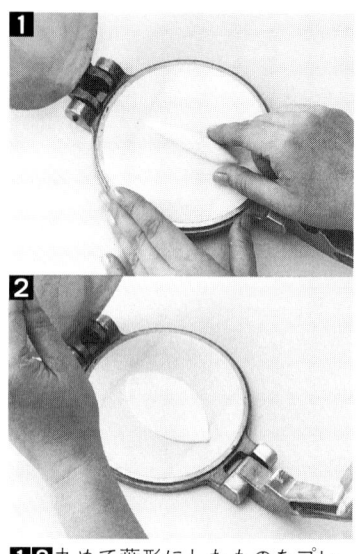

1 2 丸めて葉形にしたものをプレス器でプレスする。

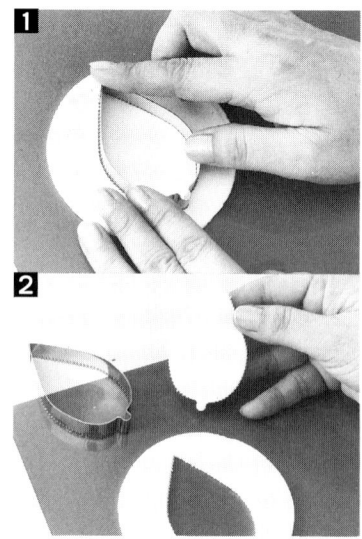

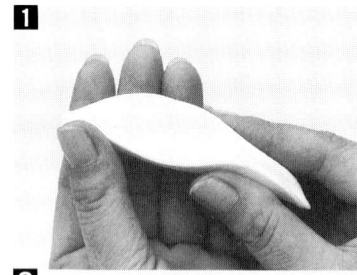

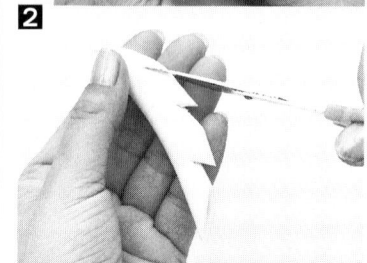

1 2 薄く伸ばした粘土を抜き型で抜く。

1 2 葉形にプレスしたものに切り込みを入れる。

3 葉型の上にのせ、中心から外側に向かって押すようにして葉脈をつける。

4 フリルをつけて表情を出した葉にワイヤーをつける。葉の長さの1/3くらいにボンドをつけたワイヤーをのせ、裏側から親指と人差し指でつまむようにしてつける。

★ポイント

切り込みを入れる方法は、キク科の葉を作る場合に使います。
1 葉先を手前に持ち、半分に折ります。
2 葉先から約1.5cmの位置を、カーブをつけて三角にカットします。
3 同様に三角のカットを2回繰り返し、下からそっと開きます。

★粘土の混ぜ方

粘土を使うとき、1種類を単独で使う場合もありますが、用途に応じて何種類かを混ぜて使うことがあります。基本的には同量を混ぜますが、それぞれの粘土の特徴を生かしながら、程良い混ぜ方を工夫します。カラー粘土を練り込むときは10：1ぐらいが基本です。

〈表情のつけ方〉
●フリルをつける
　プレスした葉や花弁の縁に伸ばし棒を当て、左右に回転させながら柔らかなフリルをつけます。葉脈や花脈が、消えないように裏側からつけます。

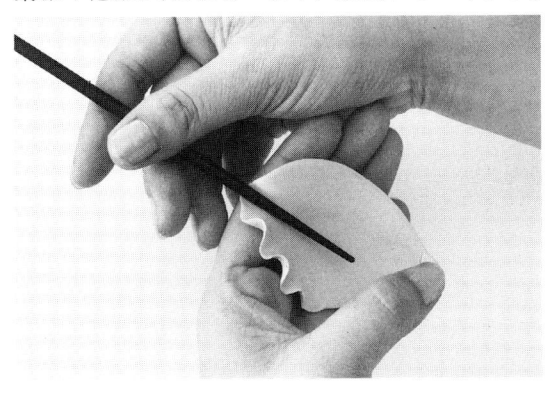

●花弁にひだをつける
　ポピーなどの花弁に波棒で浅くて柔らかいひだとフリルをつけます。波棒は、花弁の縁に沿って左右に回転させながら使います。

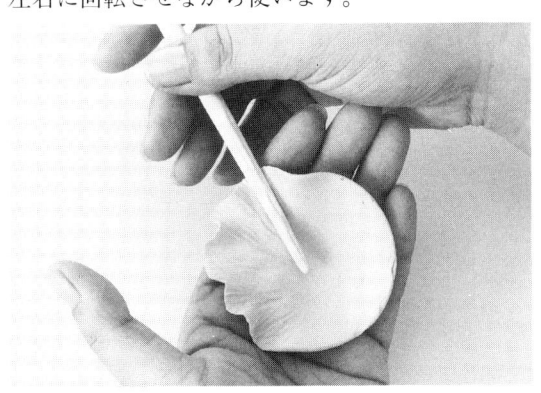

●花弁にふくらみをつける
　フリルやひだをつけた花弁に手のくぼみを利用して丸ごてを当て、ふくらみをつけます。

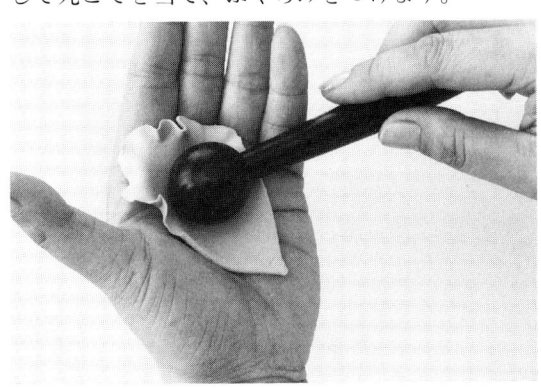

ふくらみをつけた花弁は、丸みがなくならないように花弁台の上にかぶせて乾燥させます。

〈テクニック〉
●フローラテープを巻く（テーピング）
　右手でフローラテープを伸ばしながら、左手の指で巻き込むようにします。茎を太くする場合はティッシュペーパーを巻いてから、細くする場合は半幅に切ってから巻きます。

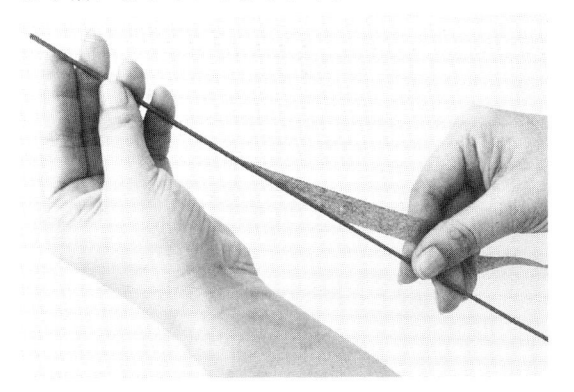

●ワイヤーをフックする
　花に差して茎にする場合、ラジオペンチでヘアピン状に曲げて押しつぶしてから、ボンドをつけて差し込みます。バラの花芯は下から上に出し、フックしてからボンドをつけ下に引きます(50ページ参照)。

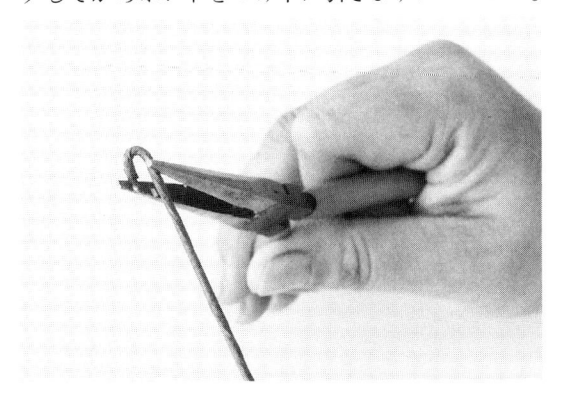

〈乾　燥〉

　でき上がった作品は必ず乾燥させてから彩色し、彩色後も十分乾燥させます。小さい花や葉の場合は、スタイロフォームや油粘土にワイヤー部分を差して乾燥させますが、大きな花の場合は、花弁の間や下側にティッシュペーパーを当て、形を整えて乾燥させます。(75ページ参照)

〈彩　色〉

　パンアートの彩色には、カラー粘土、油絵の具、アクリル絵の具を使います。粘土に練り込んだり、でき上がった花や葉に筆で塗り重ねて彩色します。粘土の種類、作る花の用途によって彩色の仕方が違いますので、絵の具の特徴をよく知って、上手に使い分けましょう。

●練り込み

カラー粘土は手が汚れず練り込みやすいので初心者には最適です。絵の具と同様に2色以上を混ぜ合わせて色出しをすることもできますし、軽量粘土に練り込むときも、油絵の具より透明感が優れています。使いかけのカラー粘土は他の粘土より早く硬くなりますので、特に注意しましょう。

・カラー粘土を使う場合

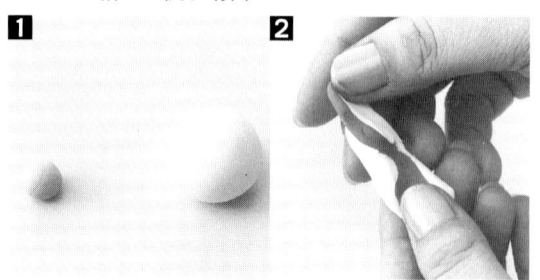

粘土とカラー粘土を10：1ぐらいの割合で混ぜ、指先でしっかりと混ぜ合わせる。

・絵の具を使う場合

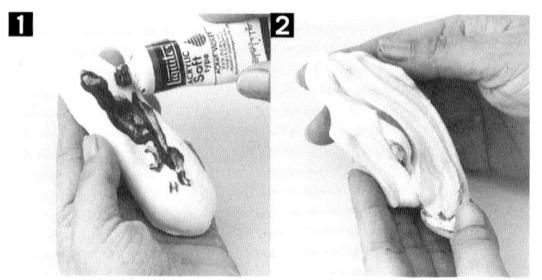

アクリル絵の具か油絵の具を少量、粘土の上に出し、指先でしっかりと混ぜ合わせる。

●彩　色

・アクリル絵の具の特徴

　水性で扱いやすく、透明感と速乾性があります。色を重ね塗りすることで深みを出し、ホワイトやブラックを重ね塗りすることで明暗を表現します。ブーケやヘッドドレスなど、淡い色調のものにはあまり色を重ねず、水で薄めてぼかします。

　アクリル絵の具は速乾性がありますので、彩色の前に、絵の具の混ぜ合わせ方やでき上がりの色の感じを想定して、手早く塗ることが大切です。小さな作品で、使う絵の具が少量のときはパレットや小皿を使いますが、大きな作品を塗る場合、絵の具がなるべく空気にふれないようにゼリーやプリンなどの空きケースの中で絵の具の混ぜ合わせをするとよいでしょう。

・油絵の具の特徴

　重ね塗りをすることで微妙な色合いを楽しむことができます。乾燥するのに時間がかかりますので塗りながら色調を調整することができ、初心者の方は塗りやすいでしょう。ファリネッタ、コスモスなどの従来のパン粘土には油絵の具がよくなじみます。

●筆について

　彩色に使う筆は用途に応じていろいろ使い分けますが、主に腰の強い平筆を使います。絵の具の色数に応じて数本用意しておくとよいでしょう。使った後の筆はアクリル絵の具の場合は水で、油絵の具の場合はクリーナーで、きれいに洗っておきます。

☆**彩色の例**（赤紫系の濃淡のあるバラ）

$$\frac{\text{アクラバイオレット＋プリズムバイオレット}}{\text{主調色}} + \frac{\text{ペインズグレー}}{\text{アクセント（濃）}}$$
$$\frac{\text{チタニウムホワイト}}{\text{アクセント（淡）}}$$

全体を主調色で塗る
花弁の奥にペインズグレーを混ぜて塗る
花弁の縁にチタニウムホワイトを混ぜて塗る

★軽量粘土の彩色

軽量粘土に油絵の具はなじみにくいので、練り込みには、主にカラー粘土やアクリル絵の具を使います。彩色に油絵の具を使いたいときは、アクリル絵の具で地塗りをしてから、油絵の具を塗り重ねます。軽く優しい色合いにしたいときは、アクリル絵の具を水で薄めて塗り、パールカラーなどを重ねると、華やかな感じに仕上がります。

〈本書で使用している主な絵の具〉

	アクリル絵の具	油絵の具
赤	ナフソールクリムソン	カーマインレーキ
	ピュアレッド	クリムソンレーキ
	アクラレッド	ブライトレッド
		チャイニーズレッド
黄	ブリリアントイエロー	パーマネントイエローディープ
	イエローミディアムアゾ	パーマネントイエローライト
	イエローライトハンザ	ネープルスイエロー
		イエローオーカー
		レモンイエロー
緑	フーカスグリーンヒュー	サップグリーン
	パーマネントグリーンライト	グリーングレー
	フタロシアニングリーン	テールベルト
青	セルリアンブルー	セルリアンブルー
	フタロシアニンブルー	コバルトブルー
	コバルトブルー	プルシャンブルー
	ウルトラマリンブルー	ウルトラマリンディープ
紫	ディオキサイジンパープル	モーブブルーシェード
	プリズムバイオレット	モーブレッドシェード
	アクラバイオレット	コバルトバイオレッドディープ
茶	バーントアンバー	バーントアンバー
	バーントシェンナー	バーントシェンナー
		ローズグレー
		ナチュラルオーカーライト
黒	ペインズグレー	ペインズグレー
	マースブラック	アイボリーブラック
白	チタニウムホワイト	ジンクホワイト
	パールホワイト	チタニウムホワイト

他にも多くの絵の具があります。

〈アレンジメント〉

パンアートのアレンジで大切なことは安定性と立体感です。

●アレンジのポイント

一般のフラワーアレンジと違ってパンアートには重さがあります。前後、左右を平均的に挿し、奥行きを出すことで立体感を出して、全体を安定させます。

●花と器のバランス

少しの振動で倒れたりしないように、器に花を安定させます。土台をしっかりさせることが大切で、花と器のバランスに気をつけて、大きくアレンジするには花器の容積を大きくします。

●土台

油粘土だけでは重くなり固定しないので、真ん中にスタイロフォームを入れて、油粘土で挟むようにします。

パンアートのアレンジには特に制約はありません。しかし、作品をデザインする場合にはパンアートの特徴を知り、目的に沿ってメッセージを含んだ、フリーフォームの形がパンアートらしい作品といえます。

作品を作り始める前に、おおまかなデザインがイメージされていれば理想的です。モチーフ、花材、色彩、飾る場所、花器などがイメージされていれば作品作りもスムーズにいきます。初心者にとっては難しいかもしれませんが、作品を繰り返し作ることで、少しずつマスターしていきましょう。

●花の分類

アレンジするときの花の扱い方について次のように分類します。

・ラインフラワー

1本の茎に花が連なっているもので、ストック、グラジオラス、デルフィニウムなどがあります。茎のラインを利用して、直線や曲線を構成します。

・フォームフラワー

カトレア、ユリ、アンスリウムなどの特殊な形をしている花で、最も目立つように扱います。

・マスフラワー

1本の茎に一つの大きな花の房がついているもので、バラ、カーネーション、ダリア、キクなどがあります。ラインフラワーとフォームフラワーの中間的な役割をします。

・フィラフラワー

ラインフラワーやマスフラワーの空間を埋める花でカスミソウ、スターチス、小ギクなどがあります。フィラフラワーだけのアレンジも可愛いでしょう。

〈基本的なアレンジの仕方〉

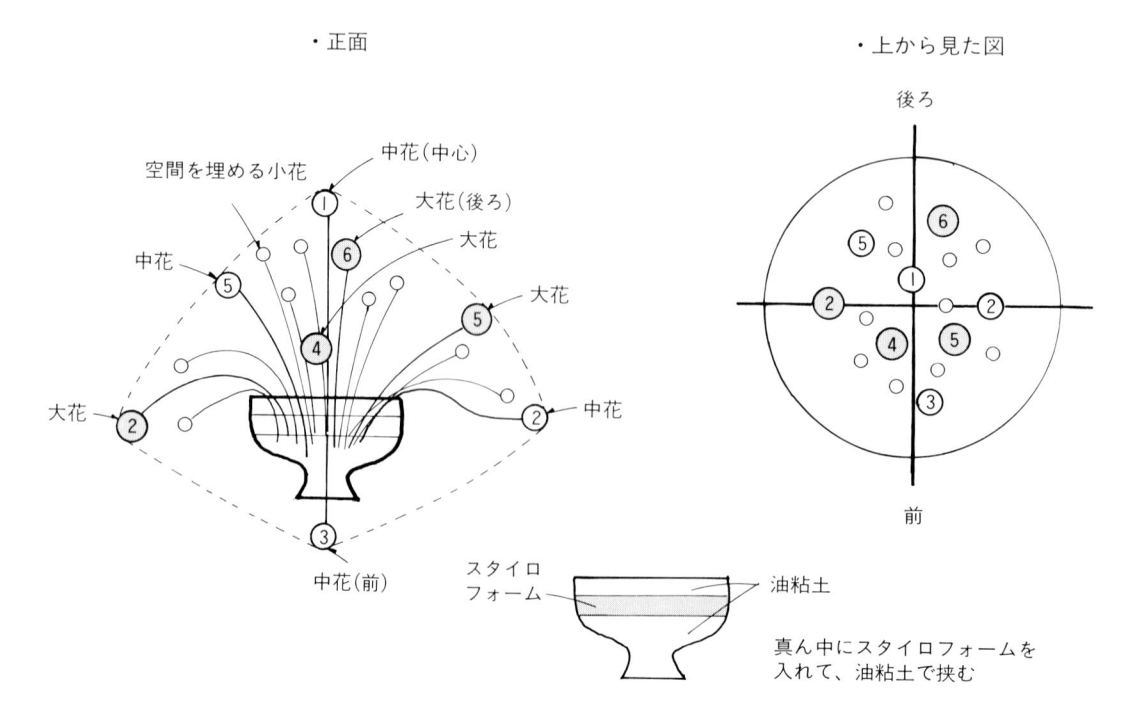

・正面

空間を埋める小花
中花(中心) ①
大花(後ろ) ⑥
大花
中花 ⑤
④
大花 ⑤
大花 ② ② 中花
③
中花(前)

・上から見た図

後ろ
⑥
⑤
② ① ②
④ ⑤
③
前

スタイロフォーム
油粘土
真ん中にスタイロフォームを入れて、油粘土で挟む

ブケー

ブケーは華やかでロマンティックな雰囲気のあるデザインです。パンアートのブケーは持つ人のイメージやドレスの色に合わせて、花の形や色を自由に変えられます。

軽量粘土を使ってなるべく軽く作ります。パン粘土を混ぜる場合も、花の芯になる部分には必ず軽量粘土を使い、バラなどの花弁の中にある花芯はスタイロフォームにします。ブケーは一般的には花と形を見せる平面的なものなので、花のがくなど見えない部分は作りません。

● パンアートのブケーの特徴

・制作時間に制約がない
　ドレスとブケーの調和を考えながら、花の種類や色などを前もって決めて、作っておくことができます。

・永久に保存できる
　使った後も、記念として残しておくことができます。お部屋に飾っておいてもよいでしょう。

・扱いやすい
　枯れたり傷んだりしないので、でき上がったブケーは扱いが楽で、持ち運びも簡単です。

〈ブケーの種類〉

● ラウンドブケー
円形にデザインしたブケーの総称です。

・コロニアル
同じ種類の花を円形にまとめたブケーです。

・ノーズゲイ
春の花などをいろいろ混ぜて、同心円状にまとめたブケーです。

● キャスケードブケー
小さな滝の水が流れ落ちるように、上から下へ流した形のブケーです。ラウンドブケーにガーランドを組み合わせたもので、全体の長さは持つ人の身長に合わせます。

● 他にトライアンギュラーブケー(三角)、クレセントブケー(三日月)、ホガースラインブケー(S字)、バスケットブケーなどがあります。(バスケットブケーの作り方・72ページ参照)

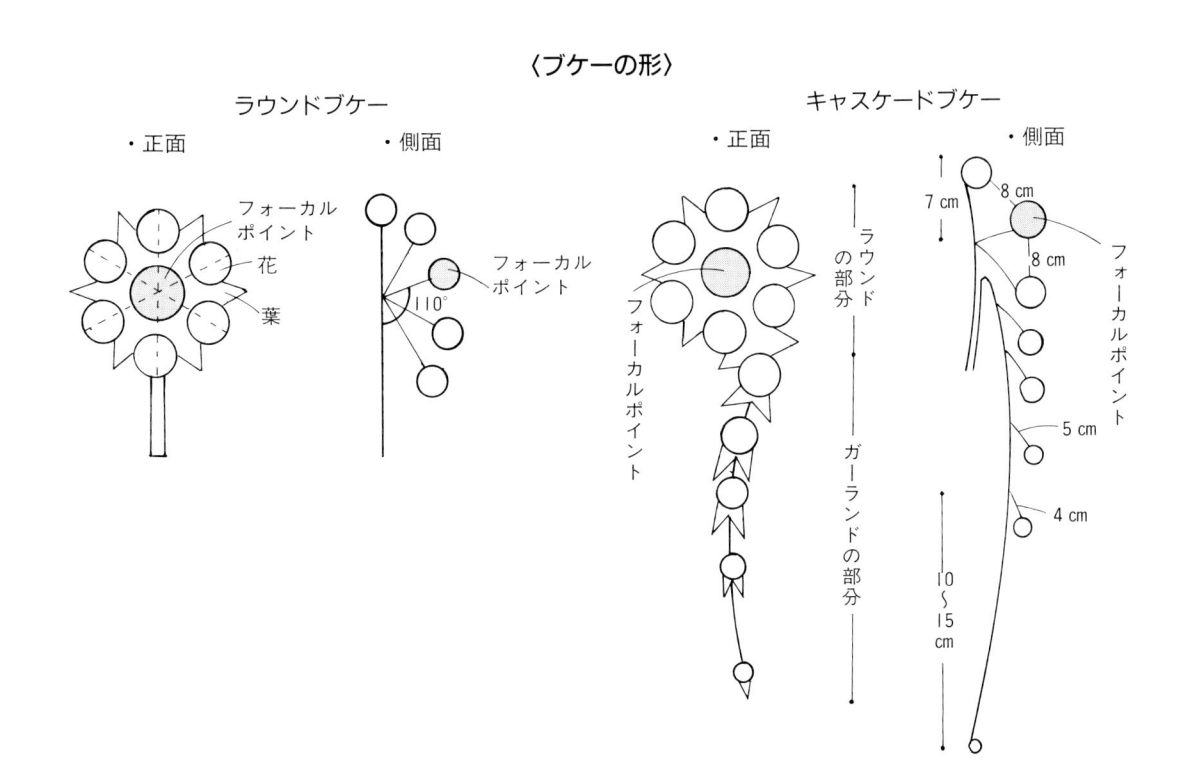

〈ブケーの形〉

ラウンドブケー
・正面　・側面
フォーカルポイント
花
葉
110°
フォーカルポイント

キャスケードブケー
・正面　・側面
フォーカルポイント
ラウンドの部分
ガーランドの部分
7 cm
8 cm
8 cm
フォーカルポイント
5 cm
4 cm
10～15 cm

【プロセス1】

ボタンのブローチ

カラー口絵29ページ

軽く仕上がる軽量粘土は
アクセサリー作りに最適です。
アクリル絵の具を丁寧に塗り重ねて
深みのある色合いに仕上げます。

● 彩色

部分名	練り込む色	彩色
花	アクラレッド パールホワイト	中心をアクラバイオレットとアクラレッドで塗り、周りをパールホワイトでぼかす。
葉	ペインズグレー パールホワイト	ペインズグレーとパールホワイトを混ぜて中心を薄く塗り、外側をペインズグレーで濃いめに塗る。

■制作工程■

1 〈花〉
縦1.5cm、横14cmに伸ばした粘土に、ハサミで14本の切り込みを入れる

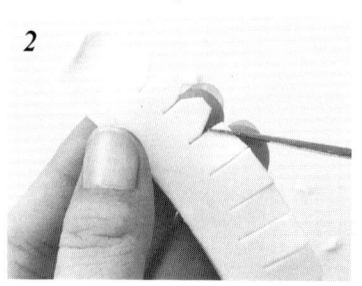

2
切り込み部分の角を切り落とす

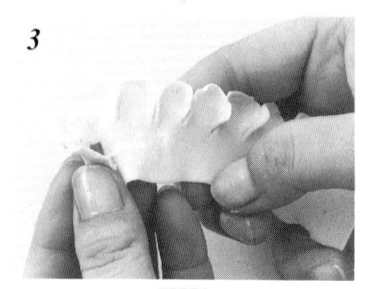

3
切り込み部分を細工棒で伸ばしフローラテープでまとめたペップ20本を巻く

4
花弁が中心から4枚、5枚、5枚と三重になるように巻く

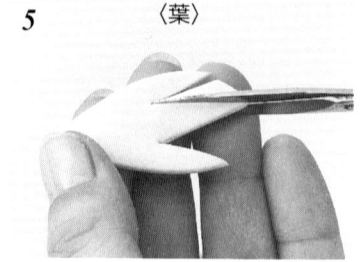

5 〈葉〉
直径2cmの玉を涙形にし、長さ3cmに伸ばして、三角に2か所、切り落とす

6
細工棒で縦に押えて葉脈をつける

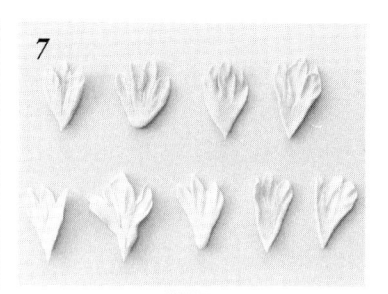

7
同様にして葉を9枚作る

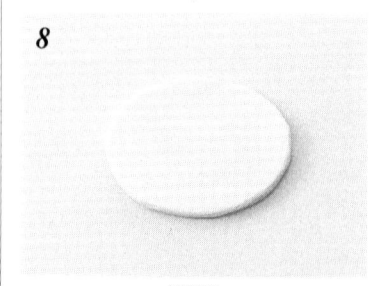

8
厚さ0.3cmに伸ばした粘土で、縦2.5cm、横3.5cmの、楕円形の土台を作る

9
土台の上にボンドをつけて、9枚の葉を少し重ねるようにして周りにつける

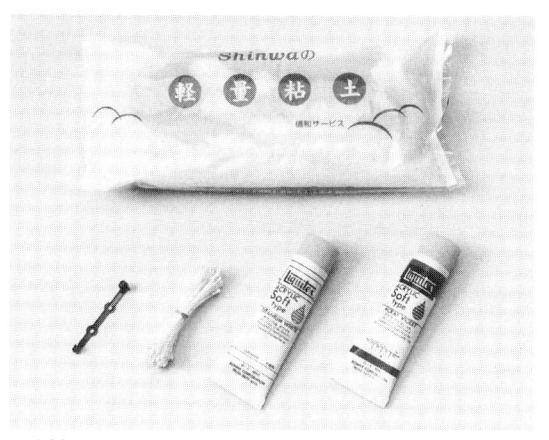

●материал
●材料
軽量粘土、ブローチピン、ガラスペップ、アクリル絵の具

でき上がり寸法／縦6.5×横8cm

10 花の底の余分な粘土を切り落とし、土台の中心に3個の花をつける

11 でき上がったブローチ、アクリル絵の具、水、筆を用意する

12 中心をアクラレッドとバイオレットで塗り、周りをパールホワイトでぼかす

13 葉はペインズグレーとパールホワイトで薄く、外側をグレーで濃く塗る

☆ポイント
切り込みを入れた花弁は、細工棒で丸く伸ばして表情をつけ、根元をすぼめるように巻きます。

――――ブローチピンのつけ方――――
（ブリッジにする）

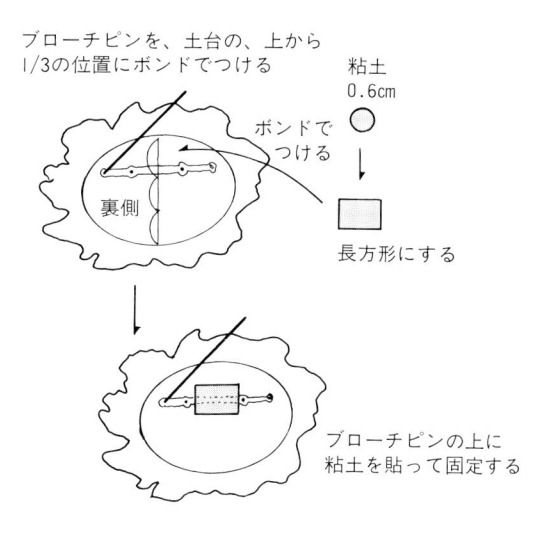

ブローチピンを、土台の、上から1/3の位置にボンドでつける

粘土 0.6cm

ボンドでつける

裏側

長方形にする

ブローチピンの上に粘土を貼って固定する

【プロセス2】

トピアリー

カラー口絵16ページ

初心者の方でも取り組みやすい作品です。
カラー粘土を練り込んで
小さな花や果物をたくさん作り、
リボンを結んで、可愛くカラフルに仕上げます。

■制作工程■

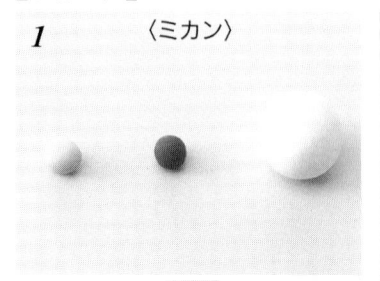

1 〈ミカン〉
粘土の分量／軽量粘土10：カラーコスモス1：グレイス1の割合で練り込む

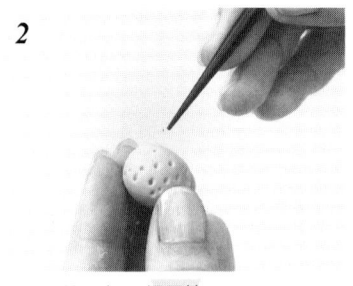

2
1cmの玉にし、細工棒でつついて、ミカンの感じを出す

3
ヘタは0.4cmの玉を涙形にし、5等分にして細工棒で開く

4
ヘタをボンドでつける

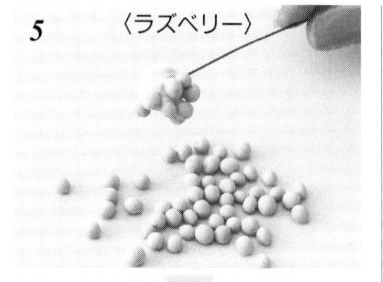

5 〈ラズベリー〉
0.2cmの玉を沢山作る。0.7cmの玉にフックしてワイヤーを差し込み小玉をつける

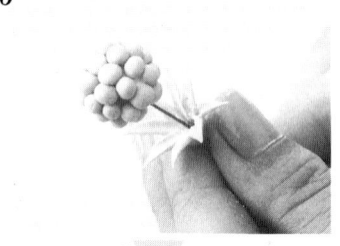

6
0.5cmの玉を5等分に開き、先を反らせてがくを作り、ワイヤーを差し込む

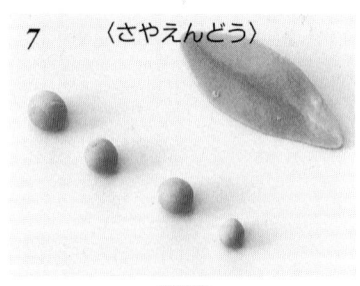

7 〈さやえんどう〉
3cm長さの浮き形をプレス器で平らにして皮を作り、豆を大小4個作る

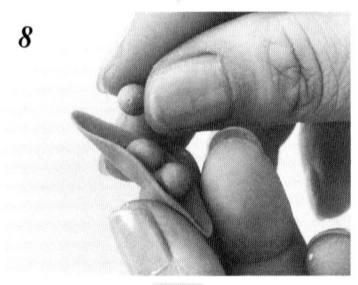

8
皮の中に豆を入れる

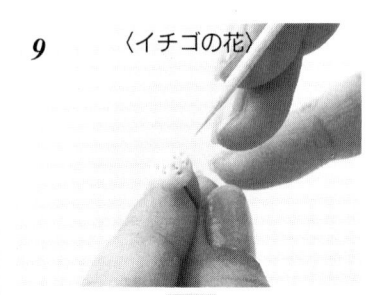

9 〈イチゴの花〉
0.3cmの玉を作り、フックした#24ワイヤーを差し、中心を楊枝でつつく

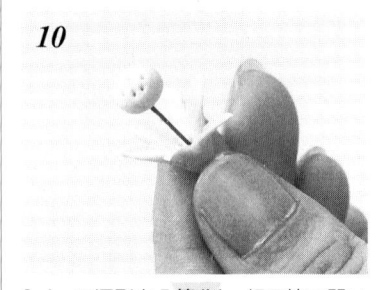

10
0.4cmの涙形を5等分し、細工棒で開いて芯に差し込み、乾かす

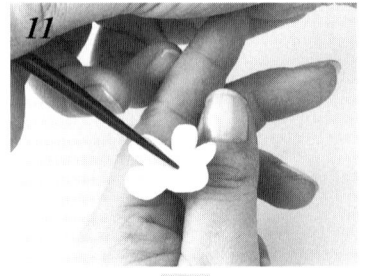

11
1cmの涙形を5等分し、細工棒で花びら形に伸ばす

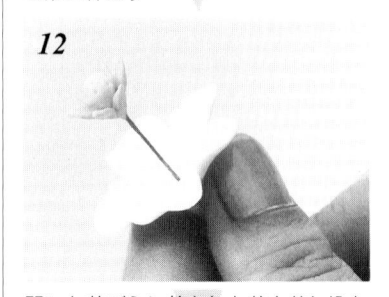

12
開いた花びらに乾かした芯を差し込む

●材料

上左から／軽量粘土、グレイス、植木鉢
中左から／油粘土、リボン、Fテープ、モス
下左／カラーコスモス、油絵の具、アクリル絵の具、アルミワイヤー、ティッシュ

●彩色

品名	練り込む色	彩色
ミカン	赤・黄・緑	同色の油絵の具を塗り重ねる
ラズベリー	赤・青	
人参	緑・黄	
さやえんどう	赤・黄・緑	
イチゴの花	赤・白	

13 〈人参〉
2cm長さに作り、穴をあける。葉は1.5cm長さに作り、切り込みを入れる

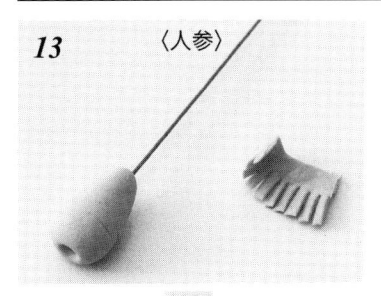

14 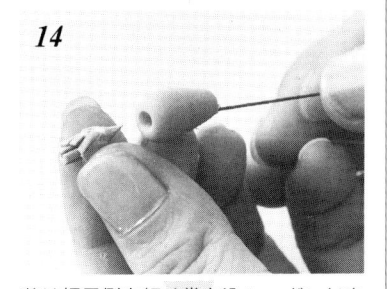
葉は根元側を細く巻き込み、ボンドをつけて、人参の穴に差し込む

15 
左からバナナ、リンゴ、レモン、イチゴの花、ラズベリー、カキ、さやえんどう、ミカン、人参、大根

16 
軽量粘土を3cmに丸め、周りにモスをかぶせる

17 
モスをかぶせた上にアルミのワイヤーを巻きつけ、丸く形作る

18 
芯の周りにワイヤー部分を2.5cmにカットしたフルーツにボンドをつけ差し込む

19 
太さを出すため、トピアリーの軸の部分にティッシュペーパーを細く切り、巻く

20 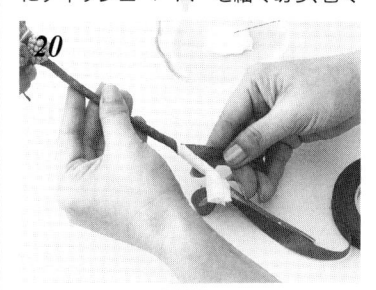
ティッシュペーパーの上から、フローラテープを巻いて仕上げる

47

【プロセス3】

カトレア

カラー口絵21、26ページ

フォームフラワーとして代表的な花です。
花弁が大きいのが特徴で
組み立て方がポイントです。
1枚ずつ、バランスよくつけてゆきます。

● 彩色

部分名	彩色
花芯	ブリリアントイエローとエメラルドグリーン、チタニウムホワイトを混ぜ薄く塗る
リップ	花芯の色をぼかして塗り、周りはパールホワイトを塗る
ペタル	パールホワイトで塗り、アクセントにリップの色を塗る
セパル	パールホワイトで塗る

■制作工程■

1 〈花芯〉 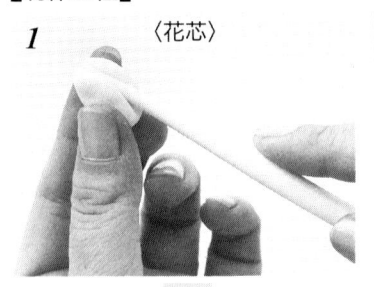
1.5cmの玉を俵形にし、細工棒で真ん中を押す

2 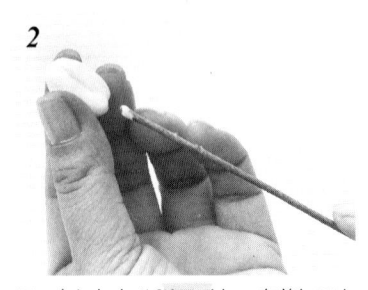
フックにした♯14ワイヤーを差してカトレアの芯にする。1日以上乾かす

3 〈リップ〉 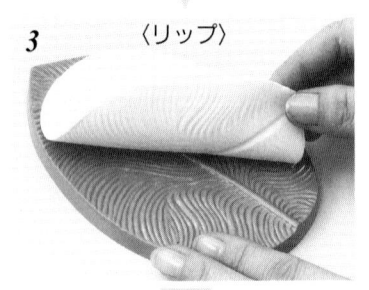
3.5cmの玉を7cmの涙形にしてプレスし、花弁しぼりで花脈をつける

4 
先端を約1.5cmハート形にカットする

5 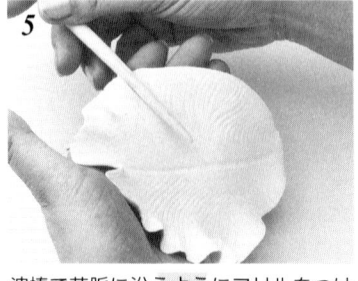
波棒で花脈に沿うようにフリルをつける

6 〈ペタル〉 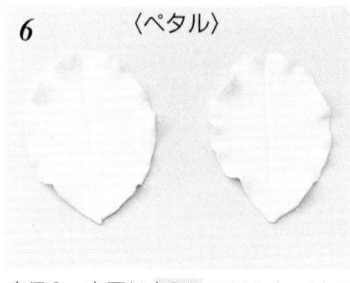
直径3cmを同じようにフリルをつけて2枚作る

7 〈セパル〉 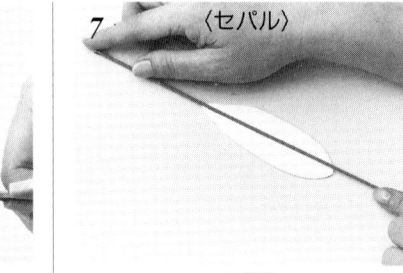
直径2.5cmを長さ7cmにそろえて3枚作り、♯14ワイヤーで真ん中に線をつける

8 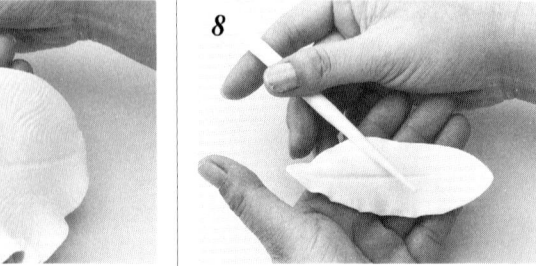
リップ、ペタルより軽くフリルをつける

9 
花芯、リップ、セパル、ペタルの各パーツのでき上がり

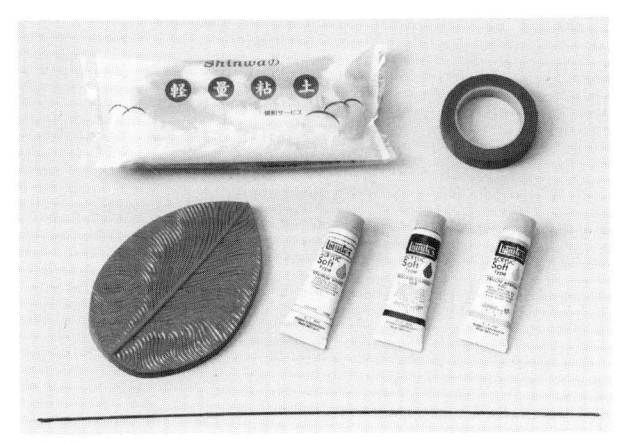

●材料
軽量粘土、Fテープ、花弁しぼり、アクリル絵の具
ワイヤー（♯14・♯20）

10 くぼみをつけた花芯の方をリップに向けてつける

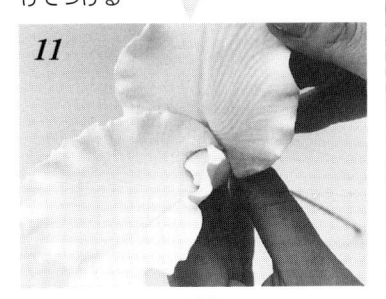

11 ペタルを1枚ずつ花の基部にしっかりつける

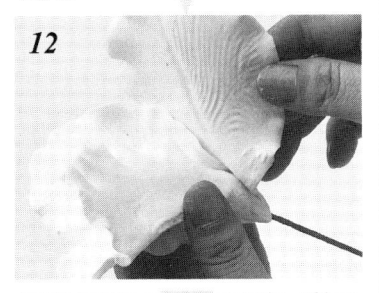

12 2枚めは先につけた花弁に少し重ねるようにしてつける

13 左右対称になるようにつける

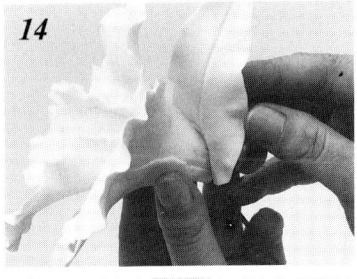

14 2枚のセパルをリップとペタルの間に見えるようにつける

15 もう1枚のセパルはペタルの左右の間にくるように上につける。基部が整う

16 パーツ7枚が整って組み上がり

17 ホワイトで地塗りしグリーンとイエローを、リップはモーブを薄く塗る

☆ポイント

リップ、ペタル、セパルを作るときは長さを同じにします。花の基部は平らになるように、そして全体的にふんわりした花に仕上げます。

【プロセス 4】

大輪のバラ

カラー口絵32ページ

中心の花弁には
軽量粘土を使っています。
パン粘土だけで作るよりも軽く仕上がり、
ゴージャスな雰囲気も表現できます。

● 彩色

部分名	練り込む色	彩　色
花弁	カラーコスモスの黄・茶を少々	アクリル絵の具のブリリアントイエローを塗り、チタニウムホワイト、フーカスグリーンをアクセントに塗り、再びブリリアントで花の中心を塗る
がく葉	カラーコスモスのグリーン	フーカスグリーンで塗り、アクセントにチタニウムホワイト、ブリリアントイエローを塗る

■制作工程■

1 〈花芯〉 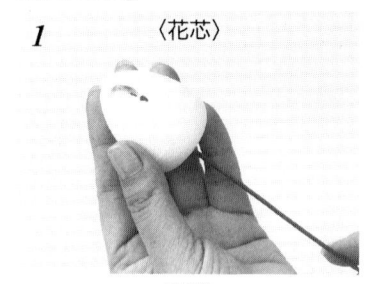
花芯の下から上へ#14ワイヤーを突き出してフックしボンドをつけて下に引く

2 〈内花弁〉 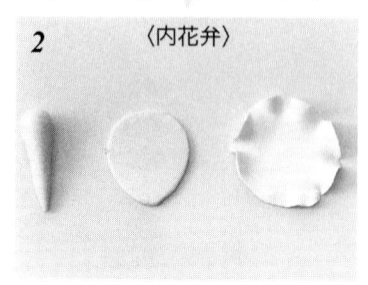
直径1.5cmの玉をプレスしてフリルをつけ、3枚の花弁を作る

3 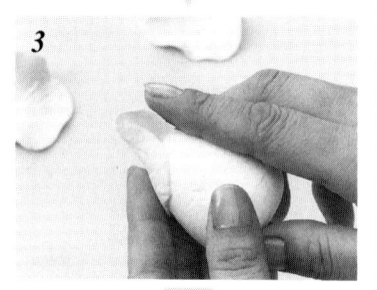
花芯の先より、1.5cm上に出して1枚巻き、残りの2枚で抱き込むように巻く

4
2cmの玉で同様にして花弁を3枚作り、3の2ミリ上に追い掛けにつける

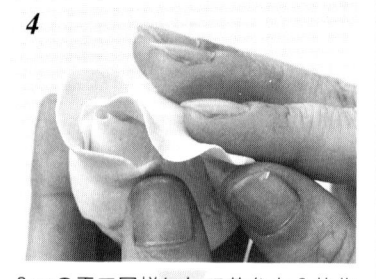

5 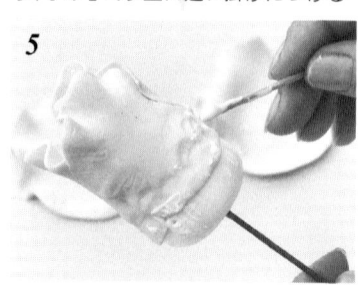
花が縦に水平になったところで、基部にボンドをつける

6 
2.2cmの玉で3枚の花弁を作り、花の先が水平になるように基部からつける

7 
2.5cmの玉で4枚の花弁を作り、丸ごてを当てて湾曲にくぼみをつける

8 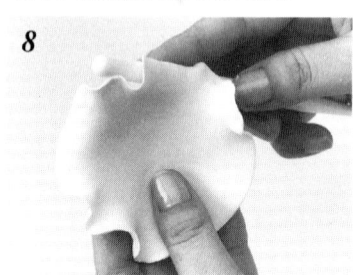
花弁の上縁を裏側に曲げる

9 
4枚の花弁をボンドをつけて追い掛けに、基部からしっかりつける

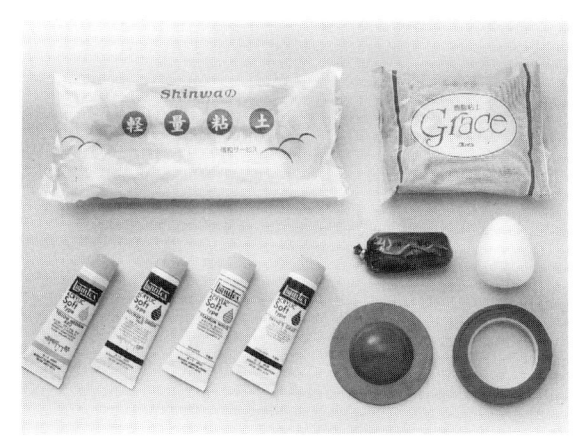

● 材料
軽量粘土・グレイス・カラーコスモス、バラの芯（スチロール）、アクリル絵の具、花弁台、Fテープ、他にワイヤー（♯14・♯22）

☆ポイント
外花弁には丁寧に丸みやフリルをつけて表情を出し、華やかな感じに仕上げます。

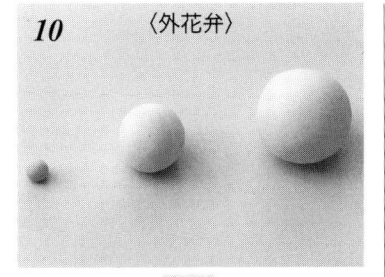

10 〈外花弁〉
カラー粘土、グレイス、軽量粘土を混ぜて、直径3cmの玉を作る

11
内花弁と同様にして外花弁を5枚作り、基部からつける

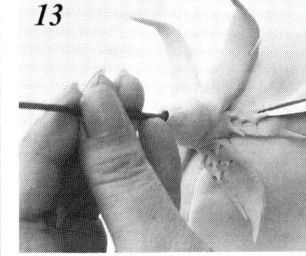

12 〈がく〉
2.5cmの玉を6cmの涙形にし、細い方を5カットして伸ばし、がくを作る

13
ハサミの先で小さくカットしてトゲを作る

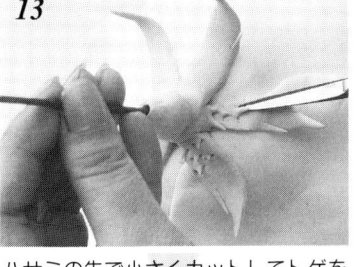

14 〈葉〉
2〜2.5cmの玉を5cmの涙形にし、バラの葉型で葉脈をつける

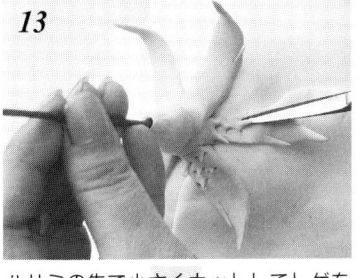

15
2〜3枚の葉を♯22ワイヤーでまとめて、フローラテープで巻く

16
花の10cm下に2組の葉を互生につける

17
ブリリアントイエローとホワイトを混ぜて塗り、花弁の奥にグリーンを塗る

18
花弁の縁にホワイトとイエローを混ぜて塗る

51

【プロセス5】

トケイソウ

カバー・目次

組み方が複雑で上級者向きですが
色、形ともに独特で
パンフラワーらしい花です。
各パーツを丁寧に作るのがポイントです。

● 彩色

部分名	練り込む色	彩色
花芯	イエローオーカー	
副花冠		中心から半分くらいまでをディオキサイジンパープル、外側をブリリアントイエローで塗り、先端にチタニウムホワイトを塗る。
花弁	モーブ	全体をディオキサイジンパープル、レッドバイオレッドにチタニウムホワイトを混ぜて塗り、それぞれの色をポイントにして濃淡をつける。
葉	サップグリーン	フーカスグリーンとチタニウムホワイトを混ぜて塗る。

■ 制作工程

1 〈めしべ〉
Fテープ1/2幅を♯26ワイヤーに巻き、先をフックして、5cm長さにしたものを3本まとめる。0.3cmの玉を作ってボンドでつける

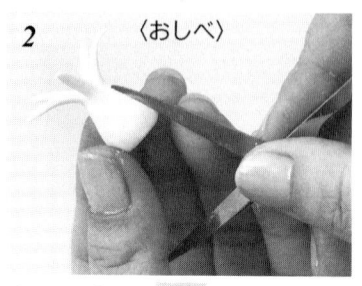

2 〈おしべ〉
2cmの玉を3cmの涙形にし、細い方を5カットして開き、下部に線を入れる

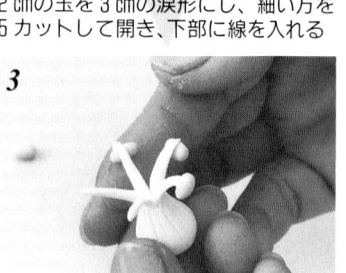

3
0.3cmの楕円形を開いた先にボンドでつける

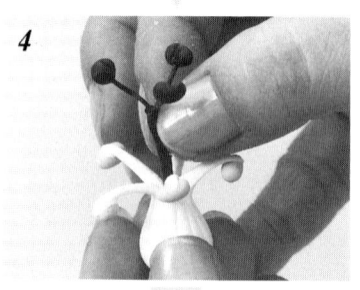

4
おしべの中心にめしべを上から入れる

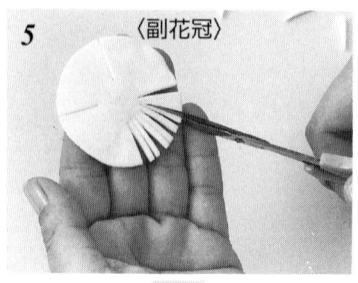

5 〈副花冠〉
2cmの玉を5cmの円形にプレスし、周りに細かく切り込みを入れる

6
めしべとおしべを副花冠の上から通す

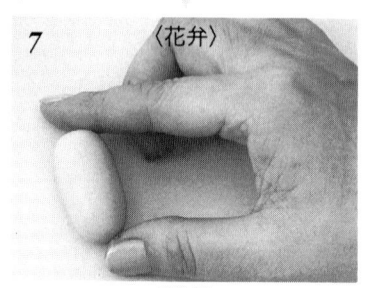

7 〈花弁〉
粘土に油絵の具のモーブを混ぜ込んで長さ5cmの俵形にする

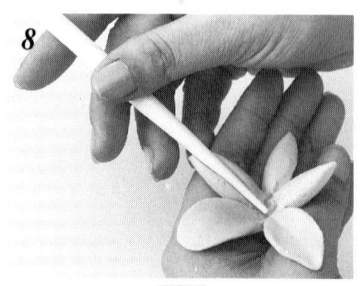

8
深く5カットして開き、細工棒で伸ばす

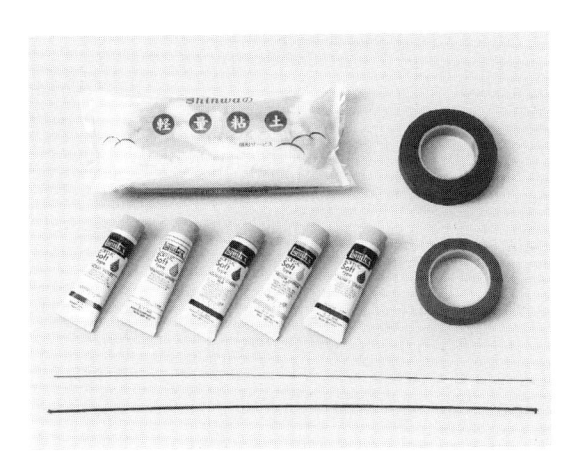

●材料
軽量粘土、Fテープ（ブラウン・モスグリーン）、
油絵の具、アクリル絵の具、ワイヤー（#16・#26）

☆ポイント
練り込みには油絵の具、彩色にはアクリル絵の具を使っています。

9 丸ごてで花弁の先にくぼみをつけ、表情をつける

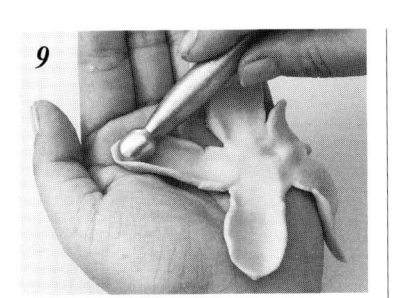

10 同様にして作った2枚の花弁を交互に重ねる

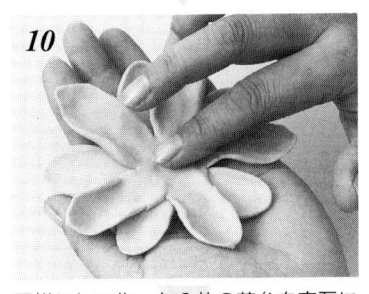

11 花弁に、花芯と副花冠を上から差し込む

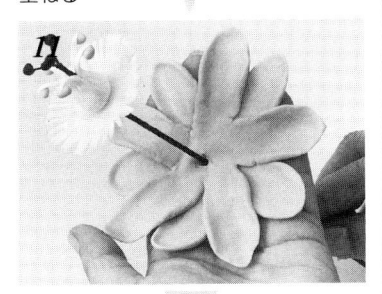

12 〈がく〉 1.5cmの玉を涙形にし、太い方を3カットして丸く伸ばし、下から差し込む

13 厚さ0.1cmに伸ばした粘土で、葉の型紙をとり、筋をつけてワイヤーをつける

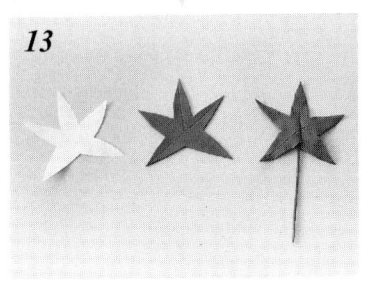

14 葉の下5cmくらいから、交互に葉をフローラテープでつけてゆく

15 副花冠の内側をディオキサイジンパープル、外側をブリリアントイエローで塗る

16 副花冠の内側に、アイボリーブラックを塗る

17 彩色表を参照して花弁を地塗りし、濃淡をつけながら仕上げる

53

作品の作り方　〈アレンジメント・ブライダル・インテリア〉

〈アレンジメント〉
アルストロメリア
カラー口絵11ページ

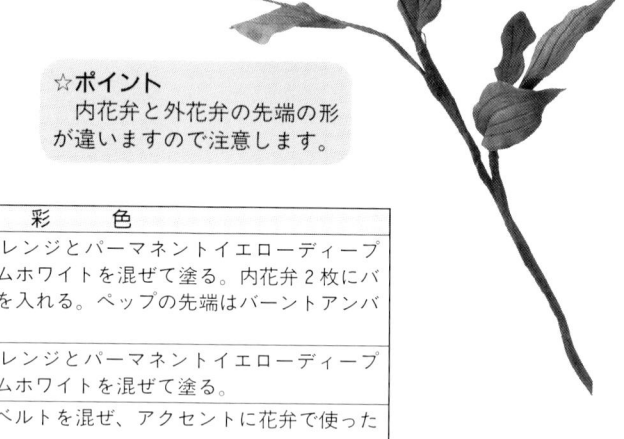

　ユリのようなスイセンという意味の花で、アレンジには欠かせないポピュラーな花です。色によってイメージが変わりますが、花弁の濃淡を出すときれいに仕上がります。

●材料
軽量粘土・ファリネッタ・コスモス・グレイス（同量）、ワイヤー（#20・#24）、Fテープ（ライトグリーン）、油絵の具、ペップ

☆ポイント
内花弁と外花弁の先端の形が違いますので注意します。

●彩色

部分名	練り込む色	彩色
花弁	パーマネントイエローオレンジ・パーマネントイエローディープ	パーマネントイエローオレンジとパーマネントイエローディープに、それぞれにチタニウムホワイトを混ぜて塗る。内花弁2枚にバーントアンバーで点模様を入れる。ペップの先端はバーントアンバーで色をつける。
つぼみ	グリーングレー	パーマネントイエローオレンジとパーマネントイエローディープに、それぞれにチタニウムホワイトを混ぜて塗る。
葉・がく	グリーングレー テールベルト	グリーングレーとテールベルトを混ぜ、アクセントに花弁で使った色を使う。

●作り方

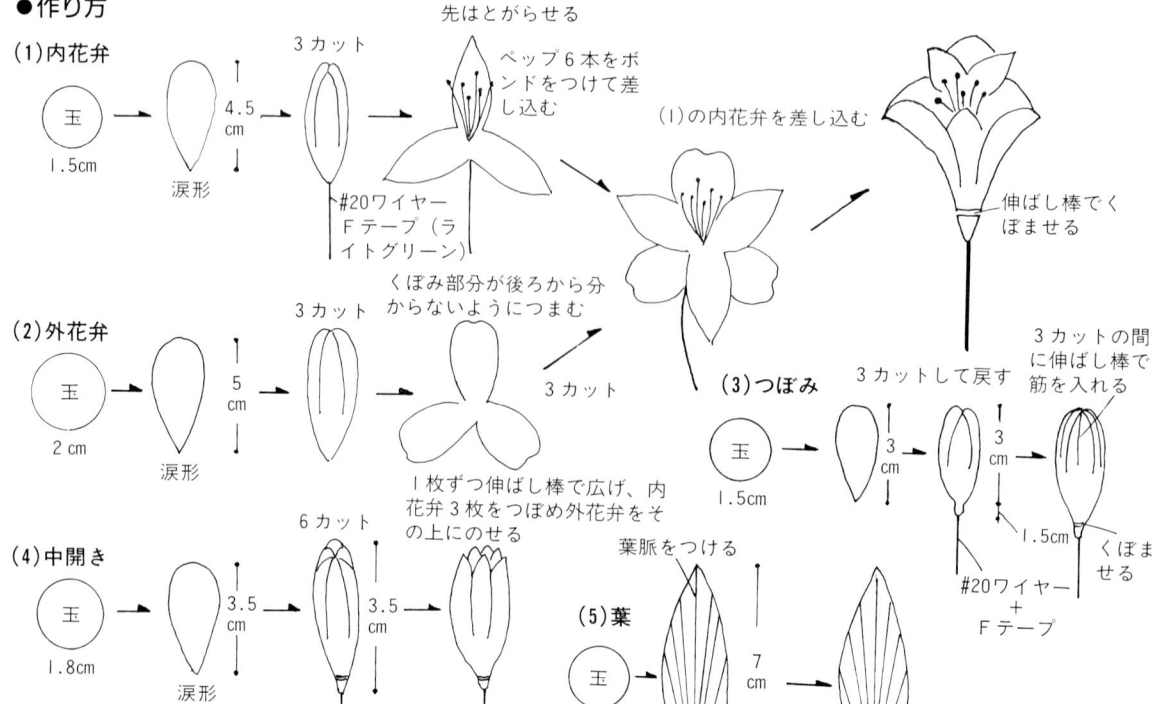

(1) 内花弁　玉 1.5cm → 涙形 4.5cm → 3カット　先はとがらせる　#20ワイヤー Fテープ（ライトグリーン）　ペップ6本をボンドをつけて差し込む → (1)の内花弁を差し込む → 伸ばし棒でくぼませる

(2) 外花弁　玉 2cm → 涙形 5cm → 3カット　くぼみ部分が後ろから分からないようにつまむ　1枚ずつ伸ばし棒で広げ、内花弁3枚をつぼめ外花弁をその上にのせる

(3) つぼみ　玉 1.5cm → 3cm → 3カットして戻す → 3cm　3カットの間に伸ばし棒で筋を入れる　1.5cm　くぼませる　#20ワイヤー＋Fテープ

(4) 中開き　玉 1.8cm → 涙形 3.5cm → 6カット 3.5cm

(5) 葉　玉 0.5cm〜2cm → 7cm　葉脈をつける　#24ワイヤー1/4＋Fテープ

〈アレンジメント〉

チョコレートコスモス

カラー口絵 8 ページ

茶色は、花の中でも個性的です。オレンジのカーネーション、真っ白なカスミソウとアレンジしてみてはいかがでしょう。

小さくて可愛い花で、しなやかに動いているかのような茎がポイントです。

●材料
軽量粘土・グレイス (同量)、ワイヤー (#20・#22)、Fテープ(ライトグリーン)、油絵の具、糸ペップ

●彩色

部分名	練り込む色	彩色
花芯	バーミリオン	バーミリオン、マースバイオレットを重ねて塗る
花弁	マースバイオレット	ローズグレー、マースバイオレットを混ぜて塗り、中心にレモンイエローを塗る
葉	サップグリーン	ローズグレーとサップグリーンを混ぜて塗り、アクセントにローズバイオレットを塗る

☆ポイント
他のコスモスよりおしべを少し長く作り、葉は菊の葉のように作ります。

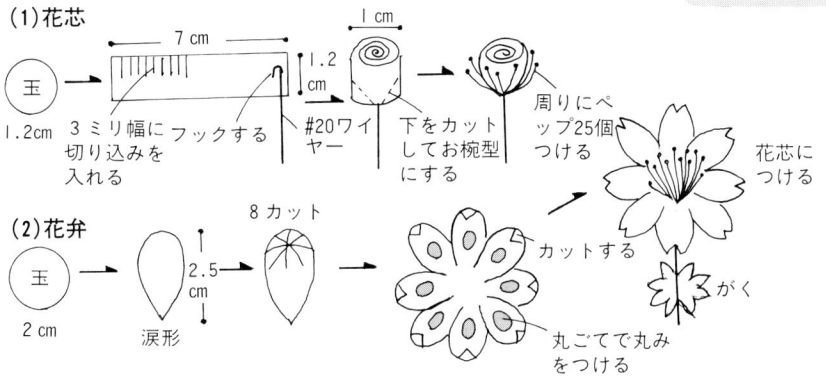

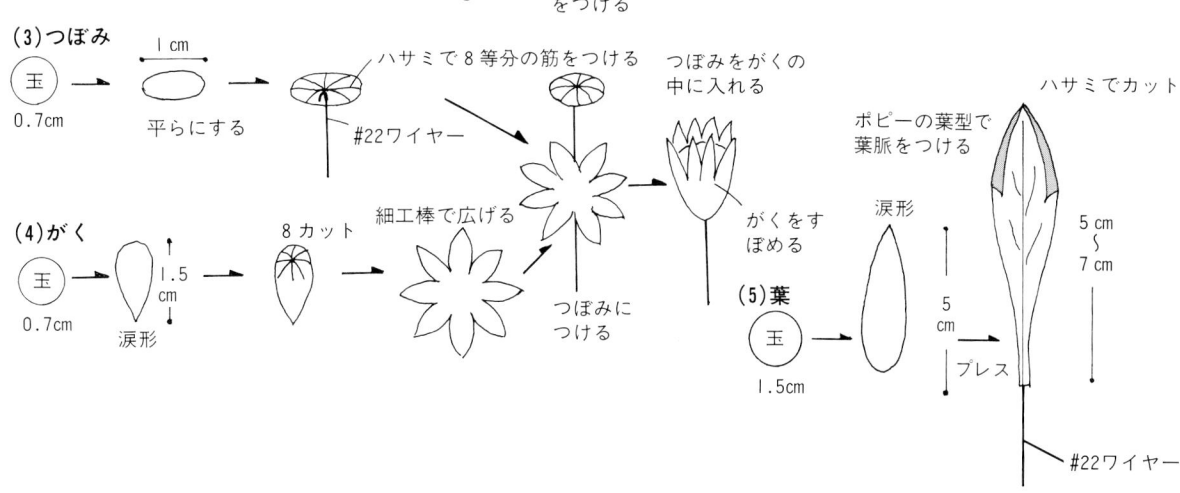

●作り方

(1) 花芯

(2) 花弁

(3) つぼみ

(4) がく

(5) 葉

〈アレンジメント〉
クルクマ

カラー口絵10ページ

　熱帯アジア原産のこの花は、幻想的な雰囲気を持っています。花びらは優しい感じに、色は美しいローズ色に仕上げます。テーブルアレンジには最適な花です。

● 材料

軽量粘土・コスモス（同量）、ワイヤー（#18・#22）、Fテープ（モスグリーン）、油絵の具

● 彩色

部分名	練り込む色	彩　色
苞	ローズマダー	シナバーグリーンディープ、ジンクホワイトを混ぜて塗る
葉	グリーングレー	グリーングレーを塗り、陰になる部分にアイボリーブラックを混ぜて塗る

● 作り方

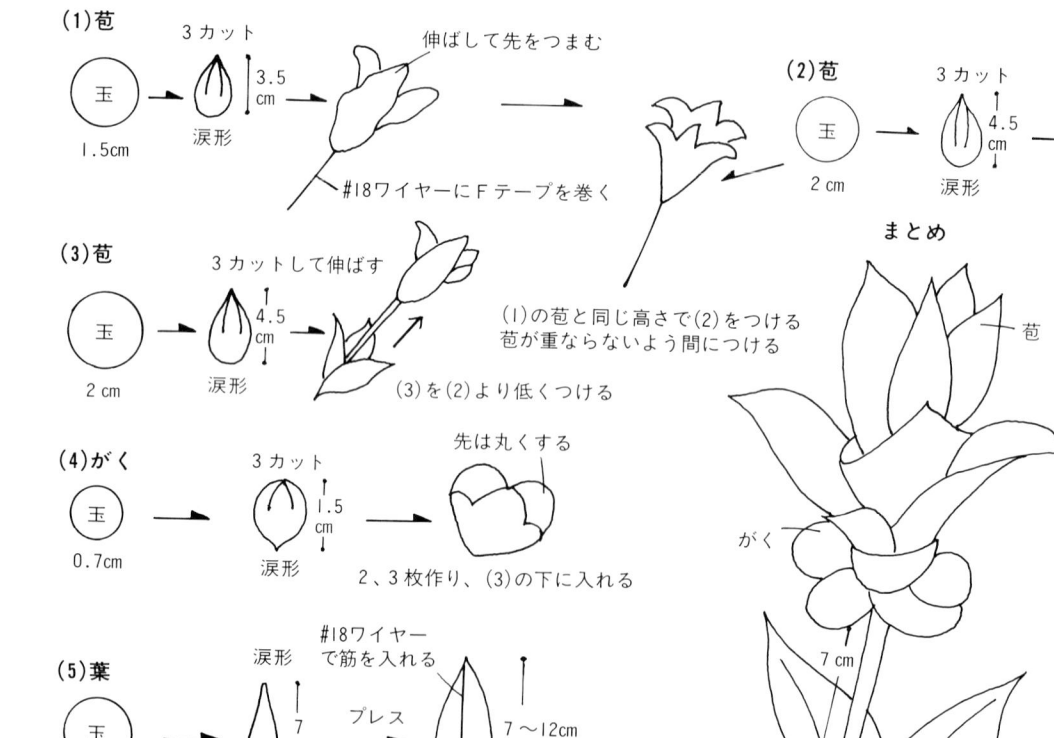

(1)苞　玉1.5cm → 涙形 3カット 3.5cm → 伸ばして先をつまむ　#18ワイヤーにFテープを巻く

(2)苞　玉2cm → 涙形 3カット 4.5cm → 伸ばす

(3)苞　玉2cm → 涙形 4.5cm 3カットして伸ばす

(1)の苞と同じ高さで(2)をつける
苞が重ならないよう間につける
(3)を(2)より低くつける

(4)がく　玉0.7cm → 涙形 3カット 1.5cm → 先は丸くする　2、3枚作り、(3)の下に入れる

(5)葉　玉2～4cm → 涙形 7cm → プレス → #18ワイヤーで筋を入れる　7～12cm　#22ワイヤー

まとめ

苞
がく
7cm
5cm

56

〈アレンジメント〉
ルリタマアザミ

カラー口絵 9 ページ

ギリシャ語で「はりねずみに似ている」という意味を持つこの花は、凛とした気位を感じさせる花です。丸い形と、深い色合いが幻想的な気分を感じさせます。

● 材料

ファリネッタ・コスモス (同量)、ワイヤー (#16・#24)、Fテープ (ライトグリーン)、油絵の具

● 彩色

部分名	練り込む色	彩　色
花弁	モーブ	モーブ、ウルトラマリンディープ、インディゴで全体を塗り、下方はジンクホワイト、サップグリーンでぼかす。
花芯	サップグリーン	
葉	ウルトラマリンディープ	サップグリーン、テールベルトで塗り、花の色でアクセントをつける。

☆ ポイント
小さな花を丸い粘土に差すとき、きれいな球になるように、玉の中心に向かって深さを均等に差します。

● 作り方

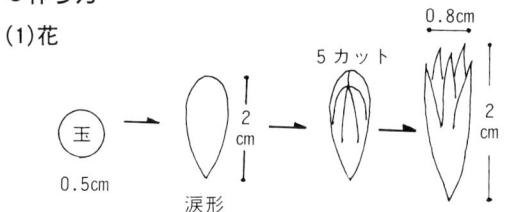

(1) 花

玉 0.5cm → 涙形 2cm → 5カット → 0.8cm / 2cm

太い方を5弁にカットし、少し開いて乾かしたものを180個くらい作る

(2) 花芯

玉 2cm → #16ワイヤーをティッシュペーパーで巻き、Fテープで巻く → (1)の花を芯が隠れるように均等にボンドをつけて差す → 4.5cm

(3) 葉

玉 1.5〜2cm → 7.5cm バラの葉型をつける → 葉型を押した後、ハサミでギザギザにカットし、伸ばし棒で伸ばしながら表情をつける

#24ワイヤー

まとめ

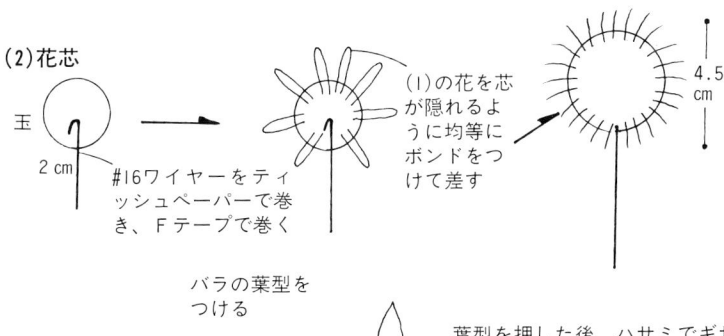

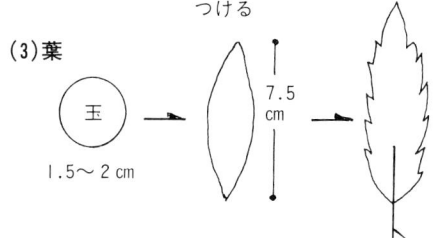

〈アレンジメント〉

アリウム

カラー口絵6ページ

大型のネギ坊主のような花ですが、濃いピンクの小花を散りばめたようにつけ、切り花としては大変豪華です。丸いフォルムと長い茎を生かしたアレンジを…。

● 材料
超軽量粘土、ワイヤー（太巻き地巻き・#28）、極小ペップ白、スズランペップ、直径5cmのスチロール球、アクリル絵の具

● 彩色

部分名	練り込む色	彩色
花弁・花柄	ローズバイオレット極少量	ローズバイオレットを全体に薄く塗り、花柄にするワイヤー（#28）も同色で塗っておく
つぼみ		ローズバイオレットとモーブを水で薄め、その中にペップを束のままつけて着色
茎	グリーングレー	白粘土を溶かして塗る
芯	ローズバイオレット、モーブ、ブラック	

● 作り方

(1) 5弁の小花（200個）

☆ポイント
小花は、でき上がりがふんわりするように極小ペップを長めにつけます。芯に花を差すときは、粘土が生乾きの状態で差します。

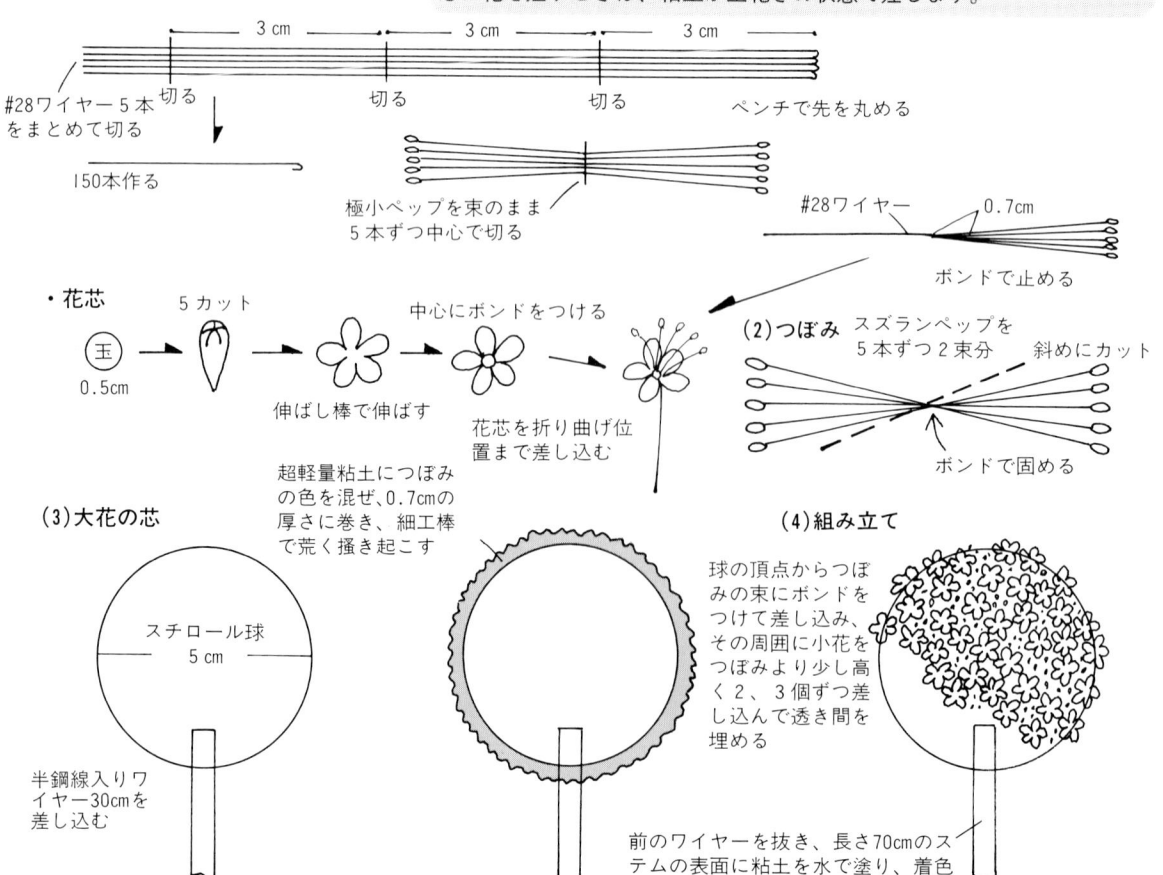

#28ワイヤー5本をまとめて切る
3cm 切る 3cm 切る 3cm ペンチで先を丸める
150本作る
極小ペップを束のまま5本ずつ中心で切る
#28ワイヤー 0.7cm
ボンドで止める

・花芯
玉 0.5cm → 5カット → 伸ばし棒で伸ばす → 中心にボンドをつける → 花芯を折り曲げ位置まで差し込む

(2) つぼみ
スズランペップを5本ずつ2束分　斜めにカット
ボンドで固める

(3) 大花の芯
スチロール球 5cm
半鋼線入りワイヤー30cmを差し込む
超軽量粘土につぼみの色を混ぜ、0.7cmの厚さに巻き、細工棒で荒く掻き起こす

(4) 組み立て
球の頂点からつぼみの束にボンドをつけて差し込み、その周囲に小花をつぼみより少し高く2、3個ずつ差し込んで透き間を埋める

前のワイヤーを抜き、長さ70cmのステムの表面に粘土を水で塗り、着色したものに差し替える

〈アレンジメント〉
セルルリア

カラー口絵5ページ

緑色がかった乳白色の花で、ファンタスティックな雰囲気が人気です。南アフリカでは、おめでたい花として、ブーケに使われます。花びらに見えるところは苞で、その中に花があります。

●材料
軽量粘土・グレイス（同量）、ワイヤー（#16・#26）、油絵の具

●彩色

部分名	練り込む色	彩　色
花芯	サップグリーン	サップグリーンを薄く塗る
花	ブリリアントピンク	ブリリアントピンクを全体に塗る
苞	サップグリーン	サップグリーンを薄く塗り、ジンクホワイトでアクセント。花の近くにネープルスイエローを塗る
葉	グリーングレー コンポーゼペール	グリーングレーとコンポーゼペールを混ぜて塗る

☆ポイント
苞の部分は薄く伸ばして丸みをつけ、先端は細くとがらせます。

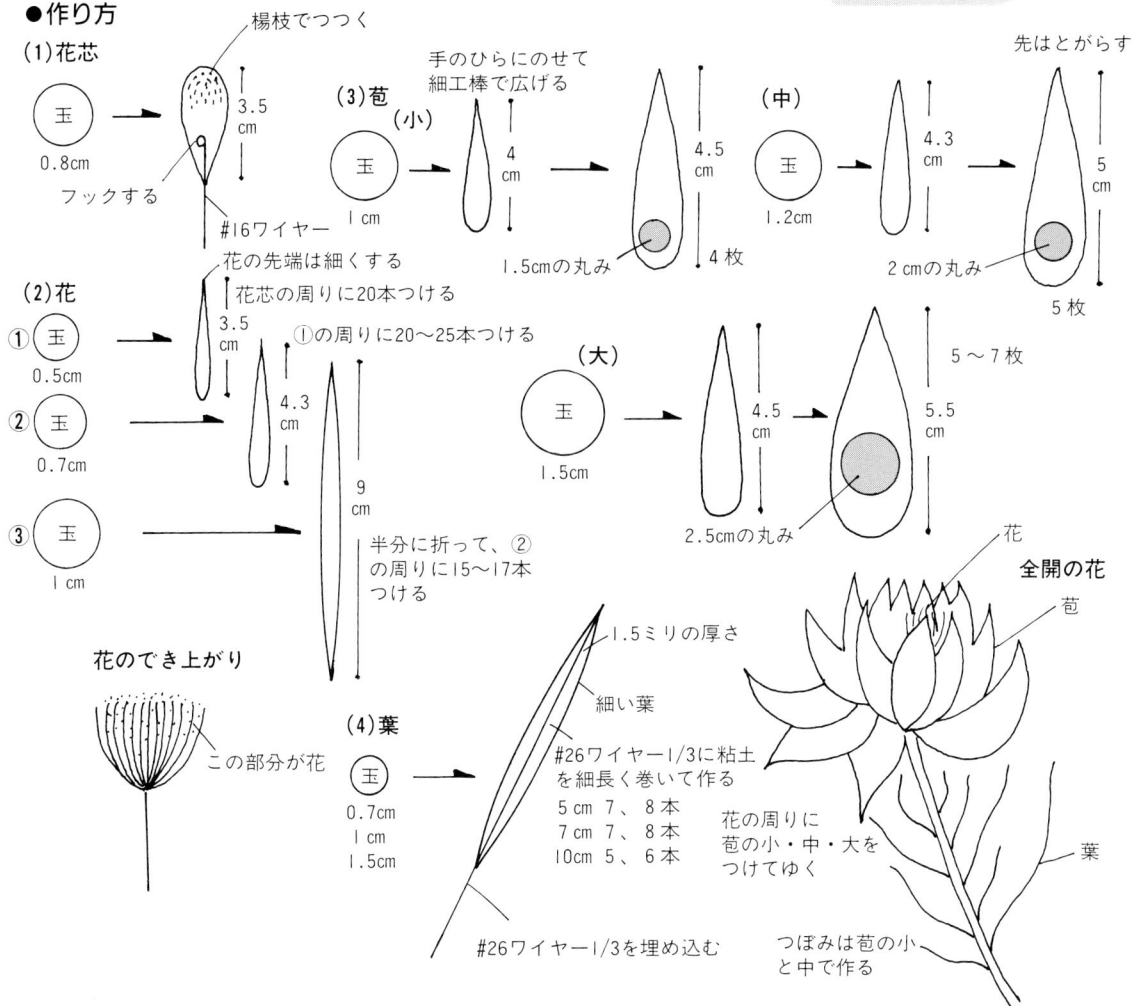

●作り方

(1) 花芯
玉 0.8cm → 楊枝でつつく 3.5cm フックする #16ワイヤー

(2) 花
① 玉 0.5cm → 花の先端は細くする 3.5cm 花芯の周りに20本つける
② 玉 0.7cm → 4.3cm ①の周りに20〜25本つける
③ 玉 1cm → 9cm 半分に折って、②の周りに15〜17本つける

花のでき上がり
この部分が花

(3) 苞
(小) 玉 1cm → 手のひらにのせて細工棒で広げる 4cm → 4.5cm 1.5cmの丸み 4枚
(中) 玉 1.2cm → 4.3cm → 先はとがらす 5cm 2cmの丸み 5枚
(大) 玉 1.5cm → 4.5cm → 5.5cm 2.5cmの丸み 5〜7枚

(4) 葉
玉 0.7cm 1cm 1.5cm → 1.5ミリの厚さ 細い葉 #26ワイヤー1/3に粘土を細長く巻いて作る
5cm 7、8本
7cm 7、8本
10cm 5、6本

#26ワイヤー1/3を埋め込む

全開の花
花
苞
葉

花の周りに苞の小・中・大をつけてゆく

つぼみは苞の小と中で作る

〈アレンジメント〉

ステルンクーゲル

カラー口絵32ページ

　松虫草の花弁が落ちてこのような球状になるなんて不思議ですが、シックでパンアートに向いています。色を変えて作ると、とてもおしゃれになります。葉は動きと柔らかさを出すためこのようにワイヤーで作ってみました。

● **材料**

軽量粘土・グレイス（5：1）、ワイヤー（#20・#28・#30）、Fテープ（オリーブグリーン・モスグリーン）、アクリル絵の具、油絵の具

● **彩色**

部分名	練り込む色	彩色
花	油絵の具　サップグリーン	全体をアクリル絵の具のフーカスグリーン、ブリリアントイエロー、ホワイトを混ぜて塗る
がく	油絵の具　サップグリーン	花と同じ色に、ペインズグレーを少量混ぜて塗る

☆ **ポイント**

　外花はなるべく薄く、柔らかく作ると花芯を入れやすくなります。花芯は外花の縁より飛び出さないようにします。

● **作り方**

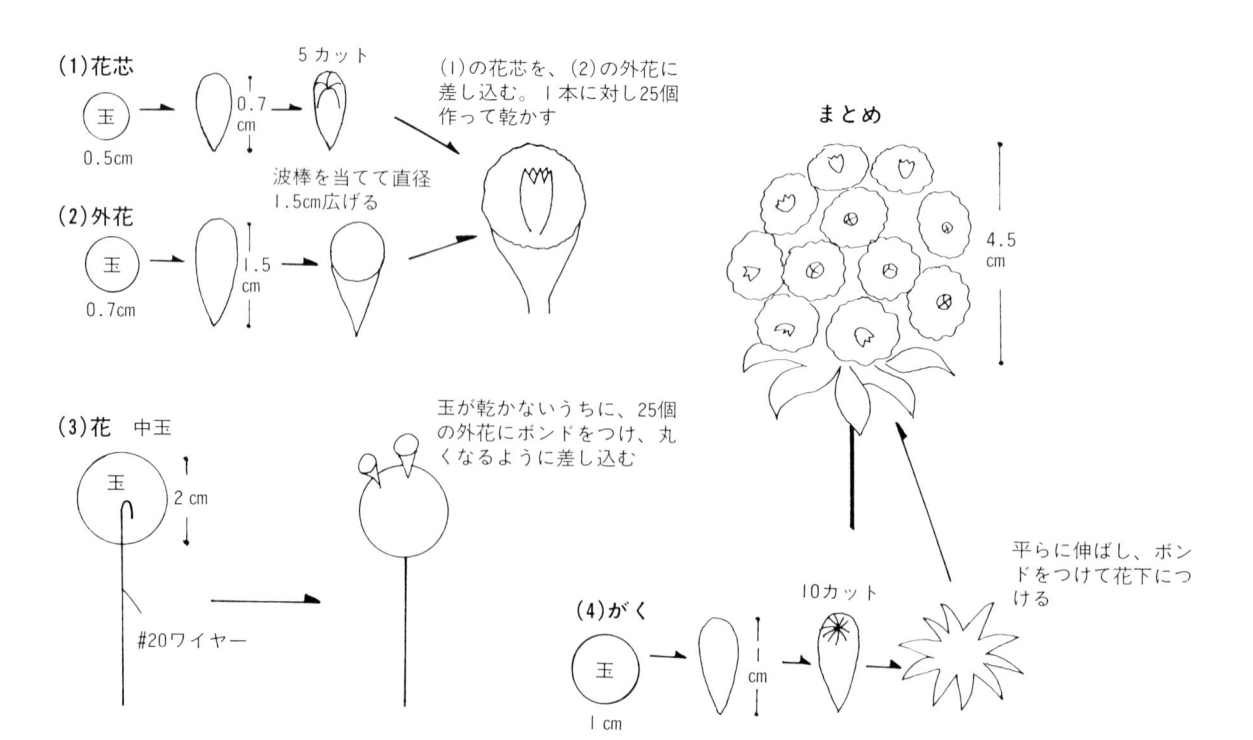

(1) 花芯　玉 0.5cm → 0.7cm　5カット

(2) 外花　玉 0.7cm → 1.5cm　波棒を当てて直径1.5cm広げる

(1)の花芯を、(2)の外花に差し込む。1本に対し25個作って乾かす

(3) 花　中玉　玉 2cm　#20ワイヤー

玉が乾かないうちに、25個の外花にボンドをつけ、丸くなるように差し込む

まとめ　4.5cm

平らに伸ばし、ボンドをつけて花下につける

(4) がく　玉 1cm → 1cm　10カット

(5) 葉　葉は#30または#28ワイヤーにオリーブグリーンやモスグリーンのFテープを半幅にカットして巻き、動きを出すため丸いペンや指に巻いて作ります。

〈アレンジメント〉

シロツメグサ

カラー口絵 9 ページ

春の野辺に咲き牧草とされていますが、何か郷愁を感じさせる花です。
花と葉を沢山作って、可愛い花束にしてみました。お気に入りのリボンを添えて…。

● 材料
軽量粘土・コスモス・ファリネッタ（同量）、ワイヤー（#24）、油絵の具

● 彩色

部分名	練り込む色	彩色
花	チタニウムホワイト	全体にチタニウムホワイトを塗り、花先に薄くグリーングレーを塗る
葉	サップグリーン	全体にサップグリーンを塗り、アクセントにローズグレーを葉先、中心に塗る
茎	チタニウムホワイト	サップグリーンを塗る

☆ポイント
　全開の花は開き加減を少しずつ大きくして三段に重ねます。葉は、裏側に小さい丸ごてを当てます。

● 作り方

(1) 茎　#24ワイヤーにボンドをつけ、葉と同じ色の粘土を、なるべく細く巻いて作る

(2) つぼみ　涙形を、なるべく細かくカットし(1)の茎を差し込む

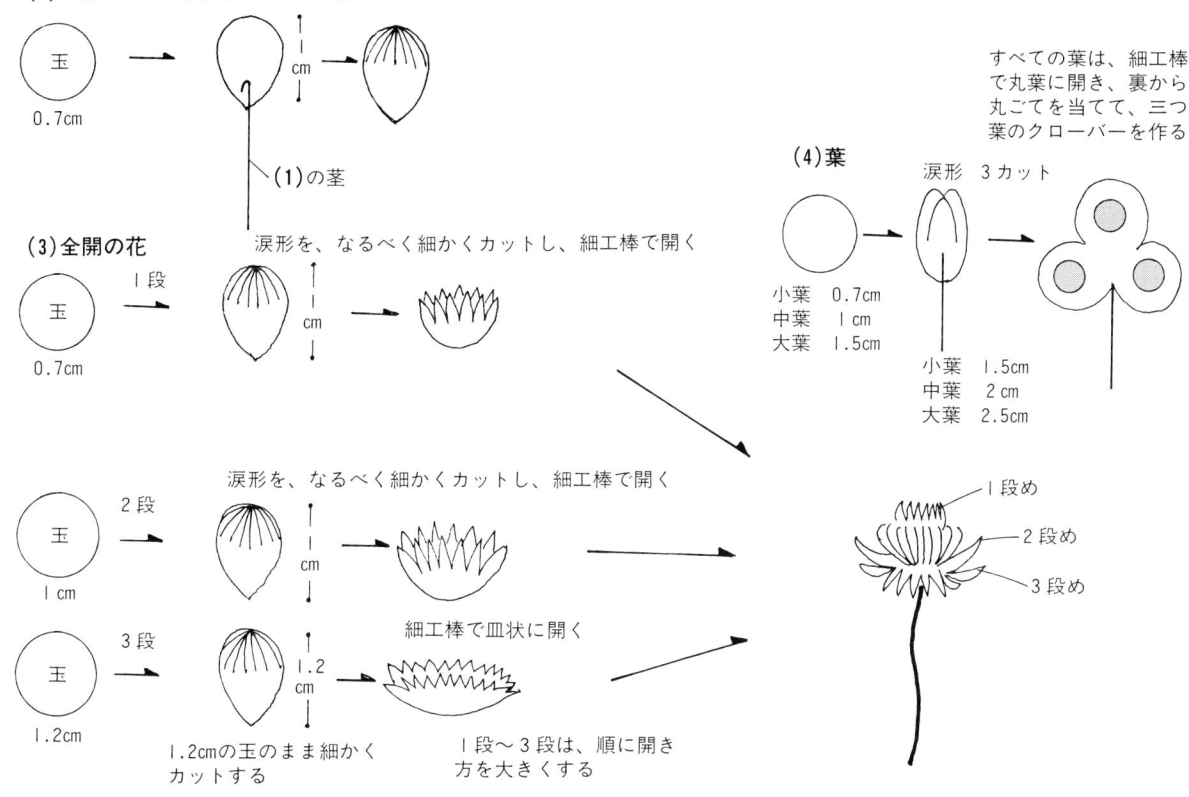

玉 0.7cm → (1)の茎

(3) 全開の花

1段　玉 0.7cm → 涙形を、なるべく細かくカットし、細工棒で開く

2段　玉 1cm → 涙形を、なるべく細かくカットし、細工棒で開く

3段　玉 1.2cm → 1.2cmの玉のまま細かくカットする → 細工棒で皿状に開く

1段～3段は、順に開き方を大きくする

(4) 葉　涙形 3カット

小葉 0.7cm
中葉 1cm
大葉 1.5cm

小葉 1.5cm
中葉 2cm
大葉 2.5cm

すべての葉は、細工棒で丸葉に開き、裏から丸ごてを当てて、三つ葉のクローバーを作る

1段め
2段め
3段め

〈アレンジメント〉

ゲットーの実

カラー口絵3ページ

　パンアートには実がよく合います。軽量粘土で軽く仕上げ、垂れ下がるようにアレンジします。茶系の花と合わせて、シックで個性的なブーケにしてもよいでしょう。

● **材料**

軽量粘土・カラーコスモス（黒・赤・黄）、ワイヤー（#14・#18・#20）、Fテープ（ベージュ）、アクリル絵の具

● **彩色**

部分名	練り込む色	彩　色
芯（種子）	カラーコスモス黒少量	マースブラック、ペイニーズグレー、チタニウムホワイトを混ぜ白っぽいグレーに塗る
先端外皮	カラーコスモス赤＋黄を少量ずつ	ブリリアンオレンジにチタニウムホワイトを混ぜ、バーントシェンナーとローシェンナーでアクセントをつける

☆**ポイント**
　先端の円錐形は、最初に作って乾燥させておきます。種子は半乾きくらいが扱いやすいでしょう。

● **作り方**

(1) 芯　玉 1.5cm → 表面にボンドをつける（#20ワイヤー1/3　1/2幅Fテープを巻く）→ 0.3cmのグレーの玉を沢山作る → 0.3cmの玉を周りにつける

(2) 先端　玉 0.6cm → 1cm → 細工棒で穴をあける → (2)をボンドをつけて差し込む → 細工棒で押すように筋をつける

(3) 外皮　玉 2cm → 深く3カット　3cm → 平らに開く → (1)の芯を上から差し込む → 中心　外皮の内側にボンドをつけ、種子が見えるように中心に向かって包む

ワイヤーの継ぎ目は5cmくらい重ねてFテープを巻いて実をつける　#20ワイヤー　5cm　#18ワイヤー　5cm　#14ワイヤー

先の方に間隔をあけて小さな実をつけ、順に大きな実をつけてゆく

大小の実を15～20個つけて垂れ下がるように形作る

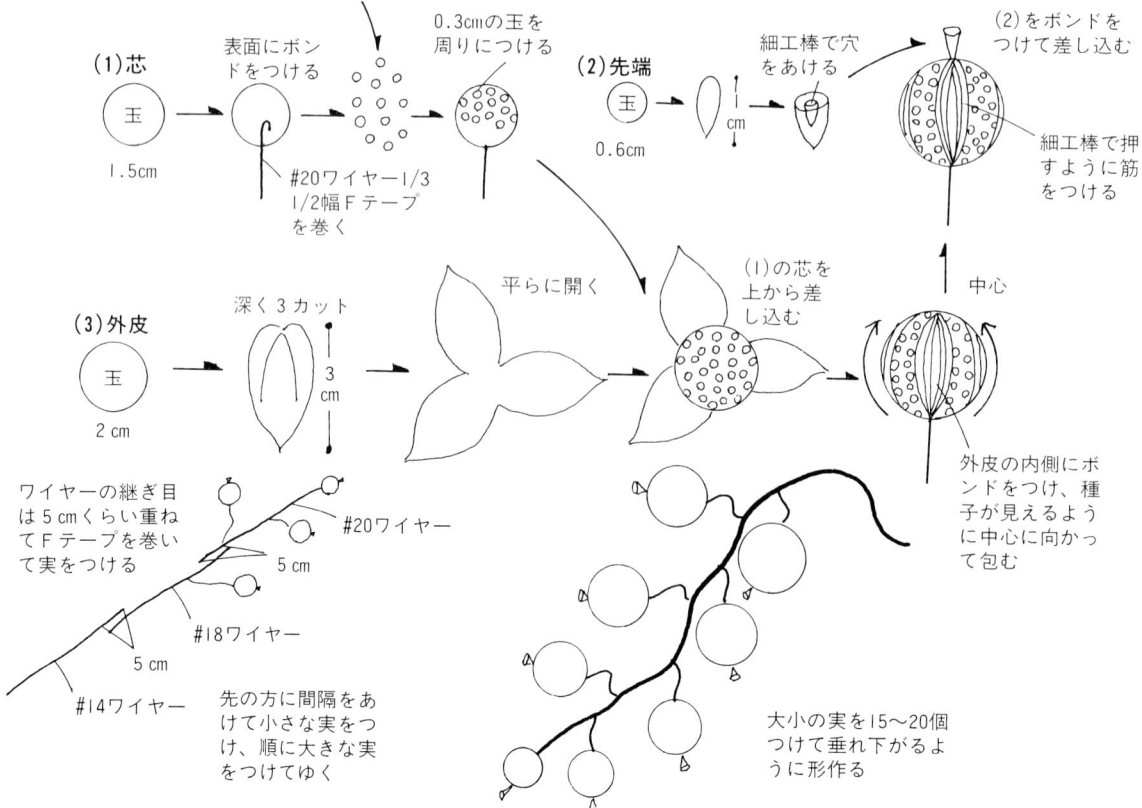

〈アレンジメント〉

アンスリウム

カラー口絵 2 ページ

独特の雰囲気を持つアンスリウムは、色、形ともにユニークで、存在感のある花です。アートですから彩色も自由で、インパクトのあるアレンジに向いています。

●材料
軽量粘土、ワイヤー（#18）、Fテープ（ライトグリーン）、油絵の具

●彩色

部分名	練り込む色	彩色
花芯	パーマネントイエローライト	パーマネントイエローライトを塗る
花弁		パーマネントホワイトで全体を塗り、サップグリーン、テールベルト、インディゴブルーをぼかしながら塗る

●作り方

(1) 花芯
玉 1cm → 細長く伸ばす 5cm → 楊枝でひっかく
#18ワイヤー
ティッシュペーパー＋Fテープ

(2) 花弁
薄く伸ばした粘土を型紙通りに切り取り、アンスリウムの葉型をつけて、縁にフリルをつける

- 先を曲げて表情をつける
- 花芯にボンドをつけて差し込む
- フリル
- 花先をつまむ

☆ポイント
乾燥させるときは、花弁が大きいので形がくずれないように気をつけます。アルミホイルの上にティッシュペーパーをのせ、花弁の下からささえて様子を見ながら乾燥させます。

花弁　実物大型紙

――――アレンジ――――

レモン、ダイヤモンドリリー、フリージアと一緒に壁掛け用の器にアレンジしました。軽量粘土で作っていますので、壁飾りにしても素敵です。

〈アレンジメント〉
イギリスローズ

カラー口絵4ページ

　四季を通じて、華やかな姿を楽しむことができるバラ。幾重にも重なった花弁が美しい、素敵なバラを作ってみましょう。アレンジ次第では平凡になりがちですので、ちょっとしたアイディアで、より美しく飾りましょう。

●材料

軽量粘土・コスモス、ワイヤー(#14・#22)、Fテープ(ライトグリーン)、ペップ(茶)、油絵の具

●彩色

部分名	練り込む色	彩色
花弁	パーマネントイエローディープ	全体にネープルスイエロー、イエローオーカー、チタニウムホワイトを混ぜて塗り、中花弁のアクセントに、ネープルスイエローで、外花弁はチタニウムホワイトで淡く塗り、花芯をイエローオレンジで塗る
葉	テールベルト	テールベルト、グリーングレー、チタニウムホワイトを混ぜて塗り、アクセントにバーントシェンナーを塗る

●作り方

(1) 花芯

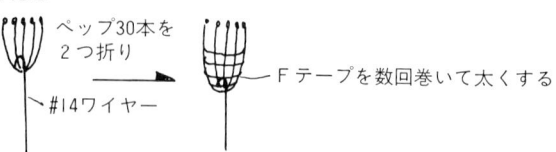

ペップ30本を2つ折り
#14ワイヤー
Fテープを数回巻いて太くする

(2) 花弁①

玉 3cm → 俵形 3.5cm → 不等分に深めに10カット → 不等分に広げる

中側には上から、外側には裏から丸ごてを当てる

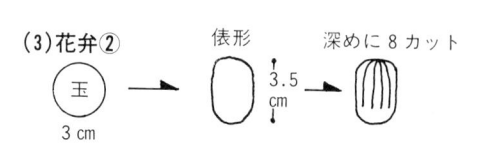

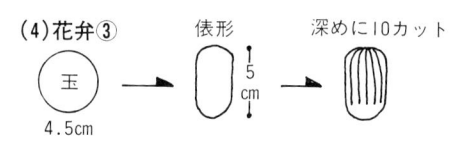

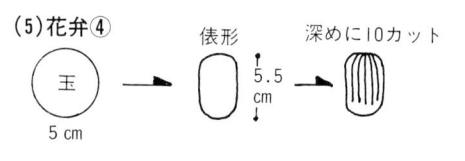

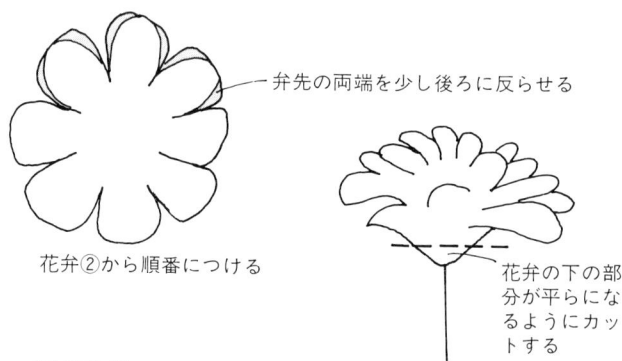

#14ワイヤー

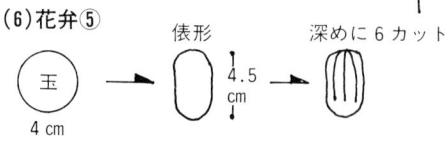

小さい花弁を中心に、交互に追い掛けにして(1)の花芯に巻くようにつけて形を整える

(3) 花弁②

玉 3cm → 俵形 3.5cm → 深めに8カット

(4) 花弁③

玉 4.5cm → 俵形 5cm → 深めに10カット

花弁②から順番につける

弁先の両端を少し後ろに反らせる

花弁の下の部分が平らになるようにカットする

(5) 花弁④

玉 5cm → 俵形 5.5cm → 深めに10カット

(6) 花弁⑤

玉 4cm → 俵形 4.5cm → 深めに6カット

(7) がく

玉 2cm → 深めに5カット 6cm → 先1cm残してヒトデ形に伸ばす

まとめ

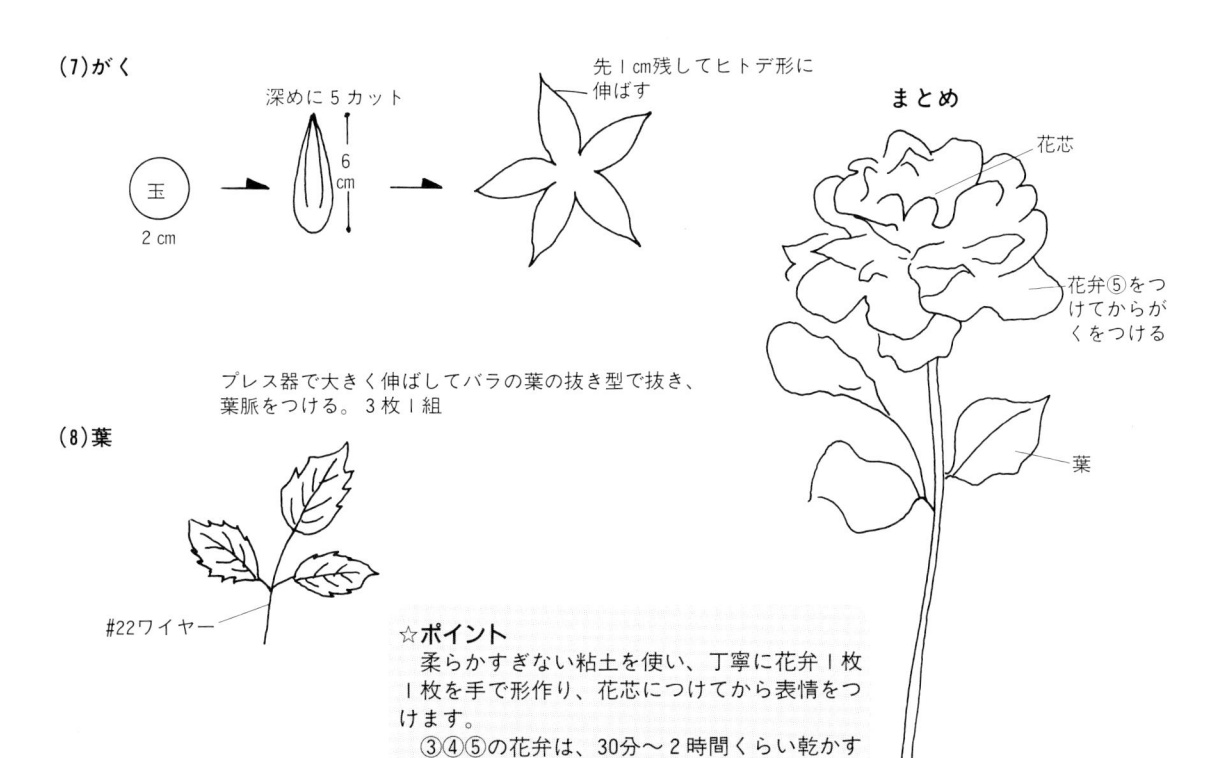

- 花芯
- 花弁⑤をつけてからがくをつける
- 葉

(8) 葉

プレス器で大きく伸ばしてバラの葉の抜き型で抜き、葉脈をつける。3枚1組

#22ワイヤー

☆ポイント

　柔らかすぎない粘土を使い、丁寧に花弁1枚1枚を手で形作り、花芯につけてから表情をつけます。
　③④⑤の花弁は、30分～2時間くらい乾かすと、扱いやすくきれいにまとまります。

棚の上に飾るときはいくつか組み合わせて並べる

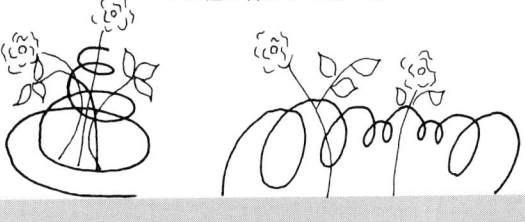

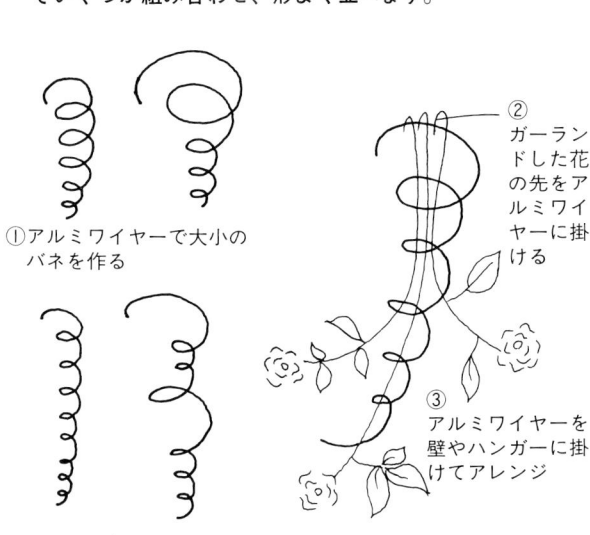

―― アレンジ ――

　フェチダス、ムスカリなどの小花と葉をガーランドしておきます。アルミワイヤーで大、小、長、短のバネを作り、ガーランドした花を差し込んで、壁やハンガー（写真参照）に掛けます。アルミワイヤーは自由に曲げることができるので、飾る場所に合わせて大きさを変えることができます。棚の上などに飾る場合は、下を安定させるように大きいバネにしていくつか組み合わせ、形よく並べます。

① アルミワイヤーで大小のバネを作る

② ガーランドした花の先をアルミワイヤーに掛ける

③ アルミワイヤーを壁やハンガーに掛けてアレンジ

〈アレンジメント〉

ストック

カラー口絵7ページ

1本の茎に沢山の花を作りますが、パンアートには最もマッチする豪華な花です。花の色は、使い方次第でどんな色にしても、十分豪華さを表現できます。黄色のバラにブルーのストックを組み合わせてアレンジしても素敵。

● 材料
ファリネッタ・コスモス・グレース、ワイヤー(#14・#20・24)、Fテープ(モスグリーン)、油絵の具

● 彩色

部分名	練り込む色	彩色
花	ローズグレー	ローズグレーとジンクホワイトを塗り、花芯にクリムソンレーキーを加えて濃く塗る
葉	グリーングレー	グリーングレーで全体を塗り、アクセントにローズグレーを塗る
花	グリーングレー	基部にグリーングレーを薄く塗る

● 作り方

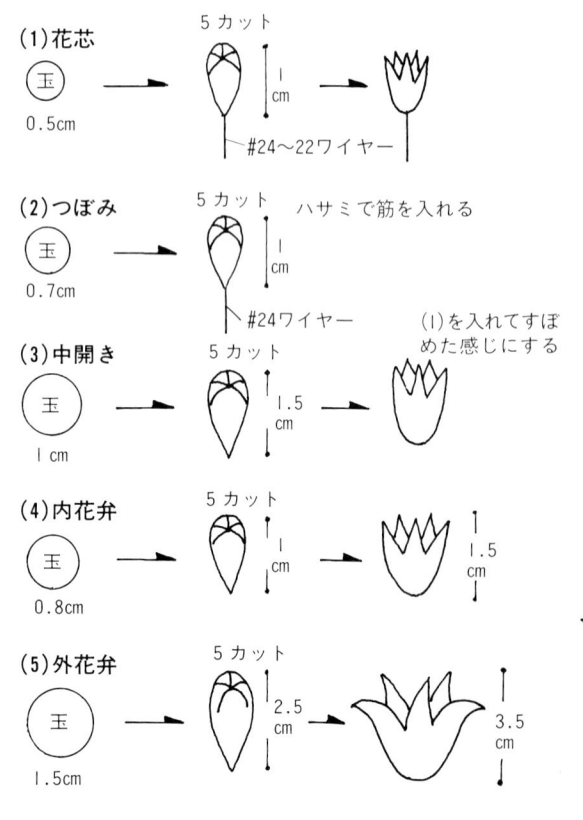

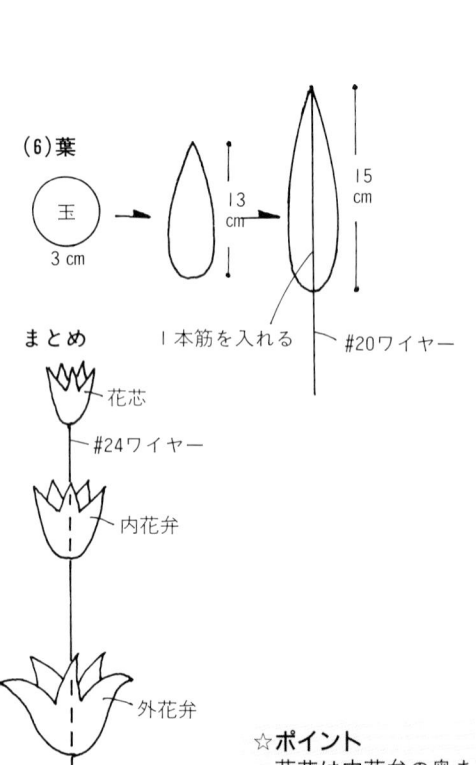

(1) 花芯　玉 0.5cm → 5カット 1cm #24〜22ワイヤー →

(2) つぼみ　玉 0.7cm → 5カット 1cm #24ワイヤー ハサミで筋を入れる → (1)を入れてすぼめた感じにする

(3) 中開き　玉 1cm → 5カット 1.5cm →

(4) 内花弁　玉 0.8cm → 5カット 1.5cm → 1.5cm

(5) 外花弁　玉 1.5cm → 5カット 2.5cm → 3.5cm

(6) 葉　玉 3cm → 13cm 1本筋を入れる → 15cm #20ワイヤー

まとめ
花芯
#24ワイヤー
内花弁
外花弁

☆ポイント
花芯は内花弁の奥まで入れて、花弁より上には飛び出さないように、内花弁は外花弁より上に飛び出さないように注意します。
花弁にはフリルをつけて花の表情を出します。

内花弁

フリルをつける

外花弁

開いた状態の口径4cm

#14ワイヤーを1本足して太くし、その上にティッシュペーパーを巻いてFテープを巻きます

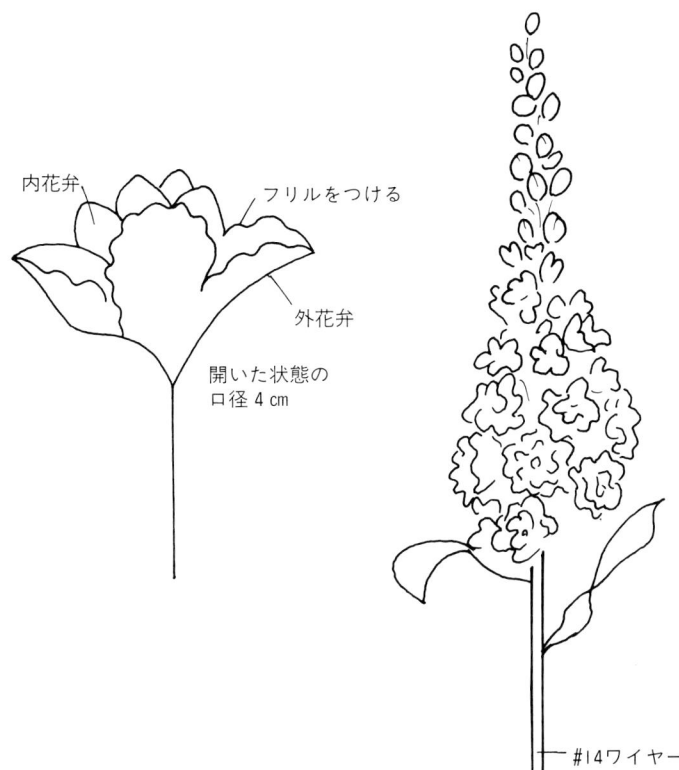

☆**ポイント**

つぼみ10個、中開き6個、全開16個をつけてまとめます。それぞれの数は花の長さによって決めます。

花のつけ方は、1輪のつぼみから開花にガーランドしていきますが、花の基部より茎までの長さは少しずつ長くしてテーピングします。

〈ブライダル〉

ダイヤモンドリリー

カラー口絵22ページ

名前の響きが素敵です。ブライダルブケーなどには最適な花です。

柔らかい色で表現してしべにキララをつけてもよいでしょう。この花は彼岸花科ですが花が咲くときは葉もでているのが特徴です。

● **材料**

軽量粘土・グレイス(同量)、ワイヤー(#20・白地巻#28・#30)、Fテープ(ミントアイボリー)、油絵の具、ロングワイヤー (#16)

● **彩色**

部分名	練り込む色	彩色
めしべ おしべ	サップグリーン	根元にサップグリーン、グリーングレーにホワイトを混ぜて薄くぼかす
花弁		ホワイトで塗る
茎	グリーングレー	サップグリーン、グリーングレーで塗る
おしべ	パーマネントイエロー	パーマネントイエローとホワイトを混ぜて塗る

●作り方

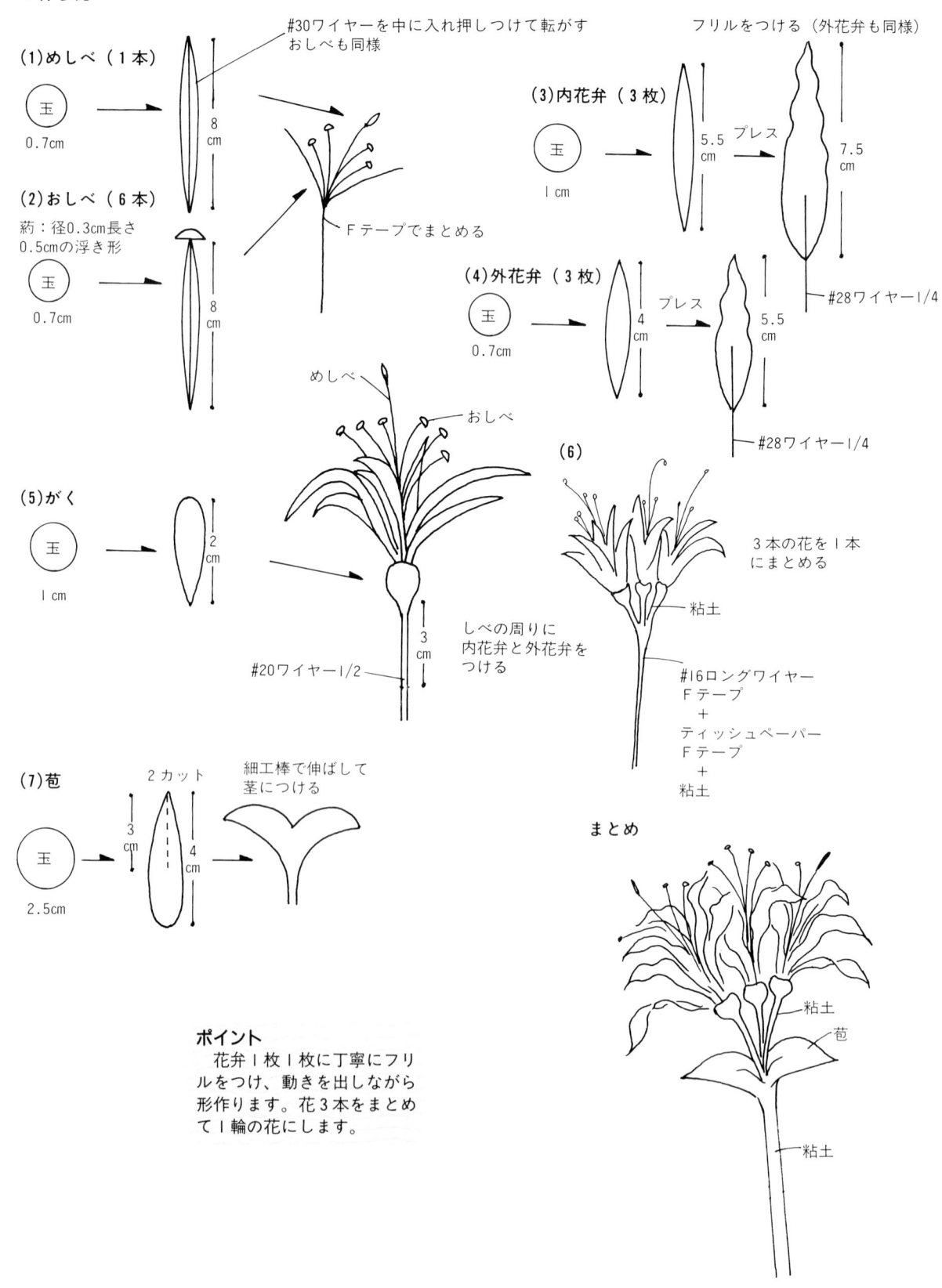

(1) めしべ（1本）

玉 0.7cm → 8cm

#30ワイヤーを中に入れ押しつけて転がす
おしべも同様

(2) おしべ（6本）
葯：径0.3cm長さ0.5cmの浮き形

玉 0.7cm → 8cm

Fテープでまとめる

(3) 内花弁（3枚）

玉 1cm → 5.5cm → プレス → 7.5cm

#28ワイヤー1/4

フリルをつける（外花弁も同様）

(4) 外花弁（3枚）

玉 0.7cm → 4cm → プレス → 5.5cm

#28ワイヤー1/4

(5) がく

玉 1cm → 2cm

#20ワイヤー1/2 3cm

めしべ
おしべ

しべの周りに内花弁と外花弁をつける

(6)

3本の花を1本にまとめる

粘土

#16ロングワイヤー
Fテープ
＋
ティッシュペーパー
Fテープ
＋
粘土

(7) 苞

玉 2.5cm → 3cm → 2カット → 4cm → 細工棒で伸ばして茎につける

ポイント
花弁1枚1枚に丁寧にフリルをつけ、動きを出しながら形作ります。花3本をまとめて1輪の花にします。

まとめ

粘土
苞
粘土

〈ブライダル〉
サンキライ

カラー口絵22ページ

夏のサンキライなので、緑の実と葉で作りました。季節によって、秋は赤茶の実と紅葉した葉、冬は小枝と茶色の実だけで変化させて作ってもおもしろいでしょう。

●材料
軽量粘土、ワイヤー（#18・#22・#30）、Fテープ（ストロー）、油絵の具

☆ポイント
鍵形に曲がった枝と、実のついていない小枝の組み合わせ方でおもしろさが出ます。

●彩色

部分名	練り込む色	彩色
実	サップグリーン	サップグリーンにジンクホワイトを少し混ぜて塗る
葉	サップグリーン	サップグリーンで塗る

●作り方

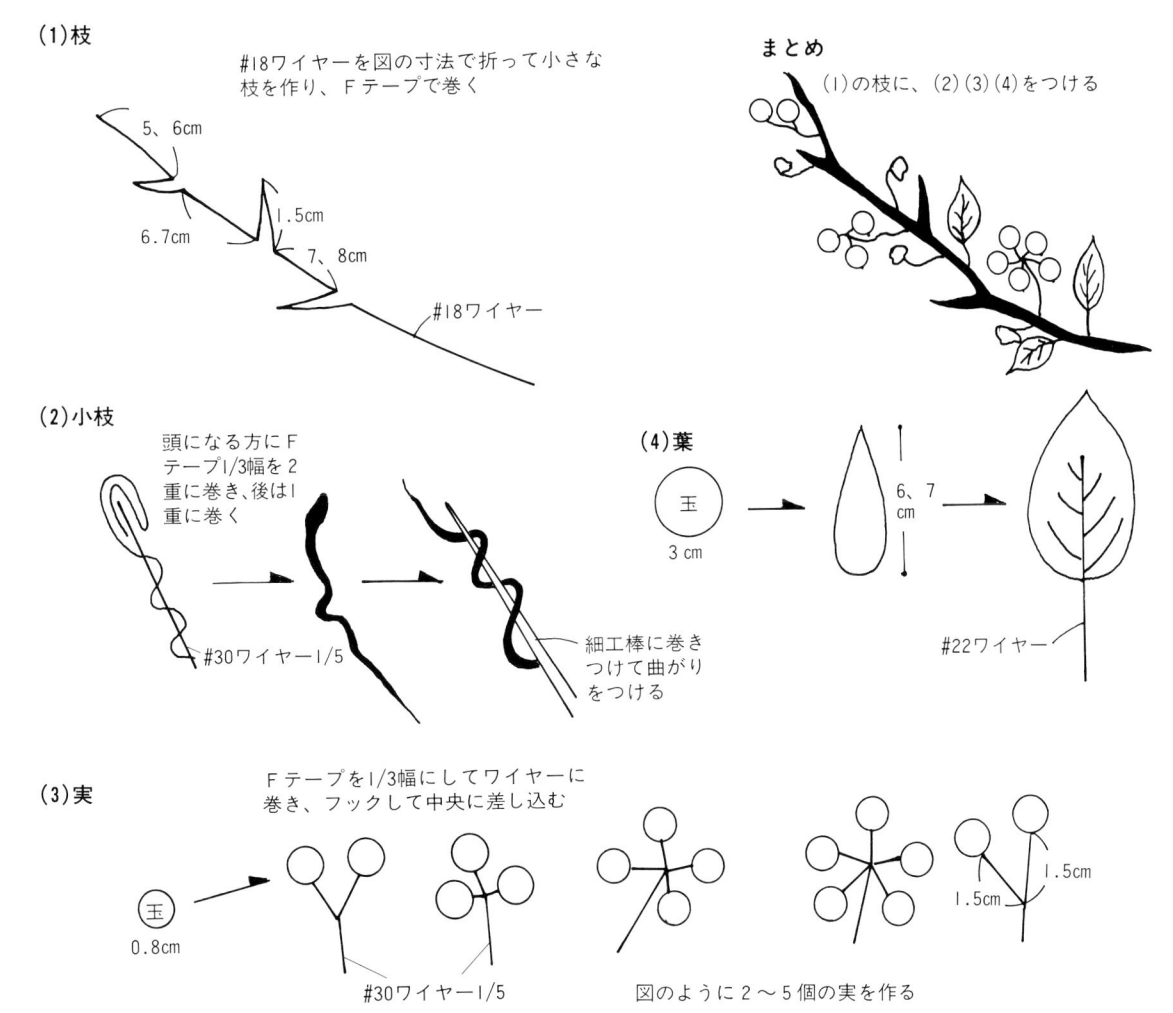

(1) 枝
#18ワイヤーを図の寸法で折って小さな枝を作り、Fテープで巻く
5、6cm　6.7cm　1.5cm　7、8cm　#18ワイヤー

まとめ
(1)の枝に、(2)(3)(4)をつける

(2) 小枝
頭になる方にFテープ1/3幅を2重に巻き、後は1重に巻く
#30ワイヤー1/5
細工棒に巻きつけて曲がりをつける

(4) 葉
玉 3cm → 6、7cm → #22ワイヤー

(3) 実
玉 0.8cm
Fテープを1/3幅にしてワイヤーに巻き、フックして中央に差し込む
#30ワイヤー1/5
図のように2〜5個の実を作る
1.5cm　1.5cm

〈ブライダル〉
アームブケー

カラー口絵20ページ

　八重咲きのバラをビザンチン風にアレンジしたブケーです。オダマキ、ジャスミンとチュールで空間を埋めて豪華に仕上げます。

● 材料

軽量粘土、ワイヤー（#20・#24・#28）、チュール、アクリル絵の具、ペップ（パール）、Fテープ（ミントアイボリー）

● 彩色

部分名	練り込む色	彩色
八重咲きバラ 花弁	ナフソールレッドライト	ナフソールレッドライトを薄くぼかし、アクセントにチタニウムホワイトを混ぜて塗る
ジャスミン		全体にチタニウムホワイトを塗り、中心にグリーンを薄く、花弁の先にアクアレッドを薄く塗る

● 作り方

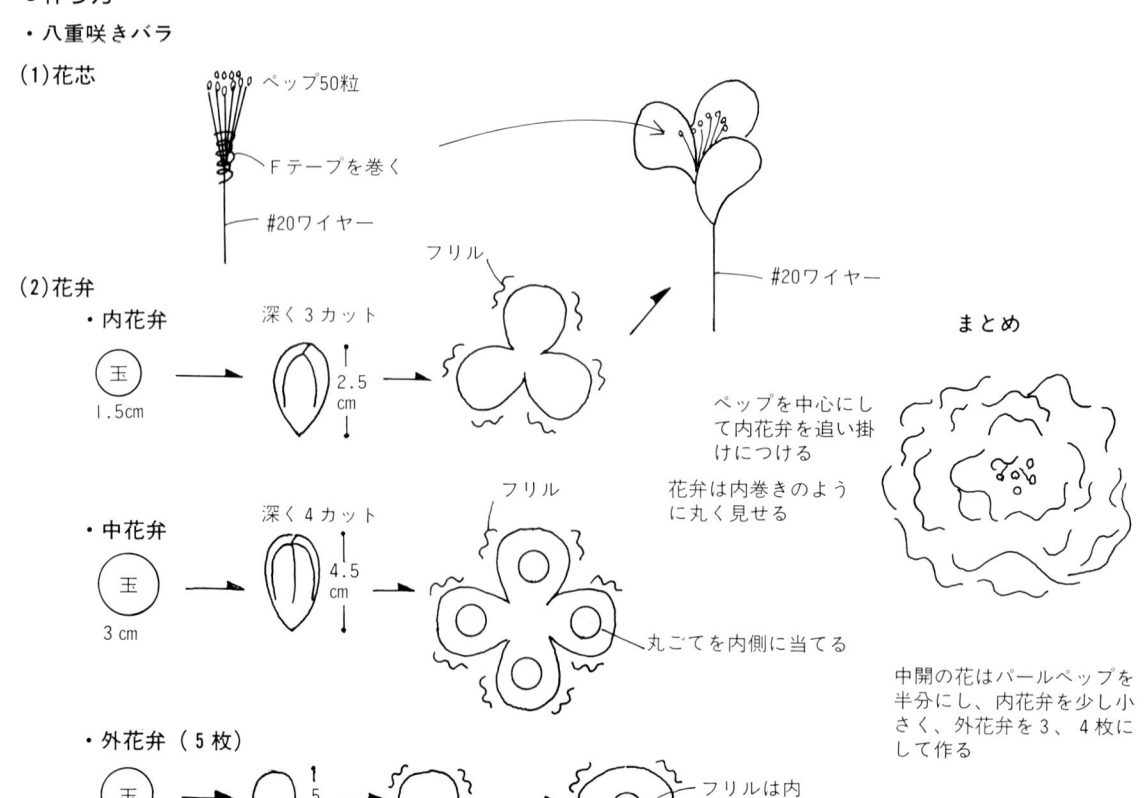

・八重咲きバラ

(1) 花芯

ペップ50粒
Fテープを巻く
#20ワイヤー

(2) 花弁

・内花弁

玉 1.5cm → 深く3カット 2.5cm → フリル → #20ワイヤー

・中花弁

玉 3cm → 深く4カット 4.5cm → フリル／丸ごてを内側に当てる

・外花弁（5枚）

玉 1.7cm → 5cm → → → フリルは内側につける

まとめ

ペップを中心にして内花弁を追い掛けにつける

花弁は内巻きのように丸く見せる

中開の花はパールペップを半分にし、内花弁を少し小さく、外花弁を3、4枚にして作る

・ジャスミン

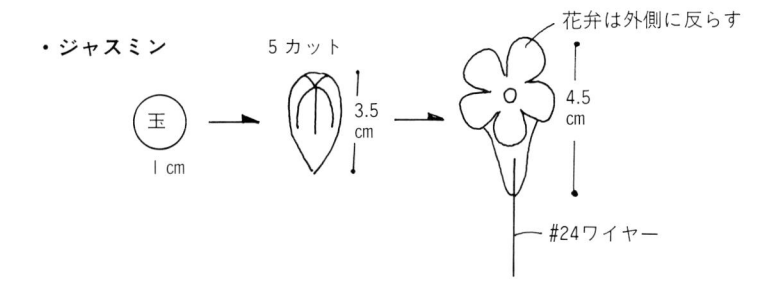

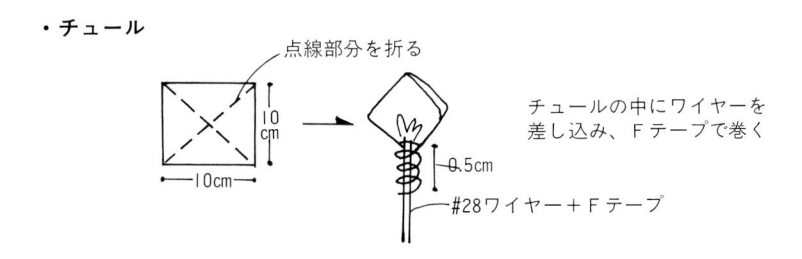

玉 1cm → 5カット 3.5cm → 花弁は外側に反らす 4.5cm #24ワイヤー

・チュール

点線部分を折る

10cm×10cm → 0.5cm #28ワイヤー＋Ｆテープ

チュールの中にワイヤーを差し込み、Ｆテープで巻く

☆ポイント

　アレンジメントでいえば、四方見のように円錐形に組み立てます。八重咲きバラをフォーカルポイントにして、小花、葉、チュールなど沢山の花で空間を埋め、バランスよく仕上げます。
　彩色は、水で薄めて淡くします。八重咲きバラの中心を淡いグリーンにし、先端にパールホワイトを塗るとアクセントになります。

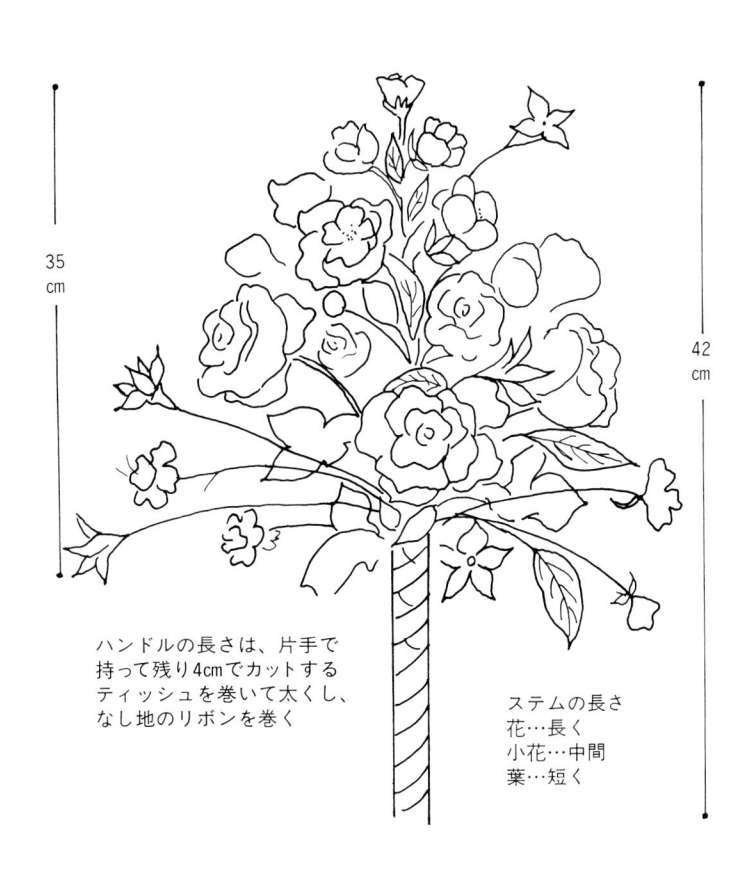

35cm

42cm

ハンドルの長さは、片手で持って残り4cmでカットするティッシュを巻いて太くし、なし地のリボンを巻く

ステムの長さ
花…長く
小花…中間
葉…短く

〈ブライダル〉
バスケットブケー

カラー口絵21ページ

　ガーデンパーティーなどではえる、華やかなブーケ。カトレアとツボミバラをゴージャスにまとめます。可愛い花嫁さんにぴったり、結婚式のお色直しなどにも…。

●材料
軽量粘土、ワイヤー（#16・#18・#22・#24・#26）、Fテープ（ミントアイボリー）、ティッシュペーパー、アクリル絵の具

●彩色

部分名	彩色
ツボミバラ	全体をアクアレッドとホワイトを混ぜて塗る
ブバリア	全体をホワイトで塗り、花芯に薄くグリーンを入れる

●作り方
・ツボミバラ

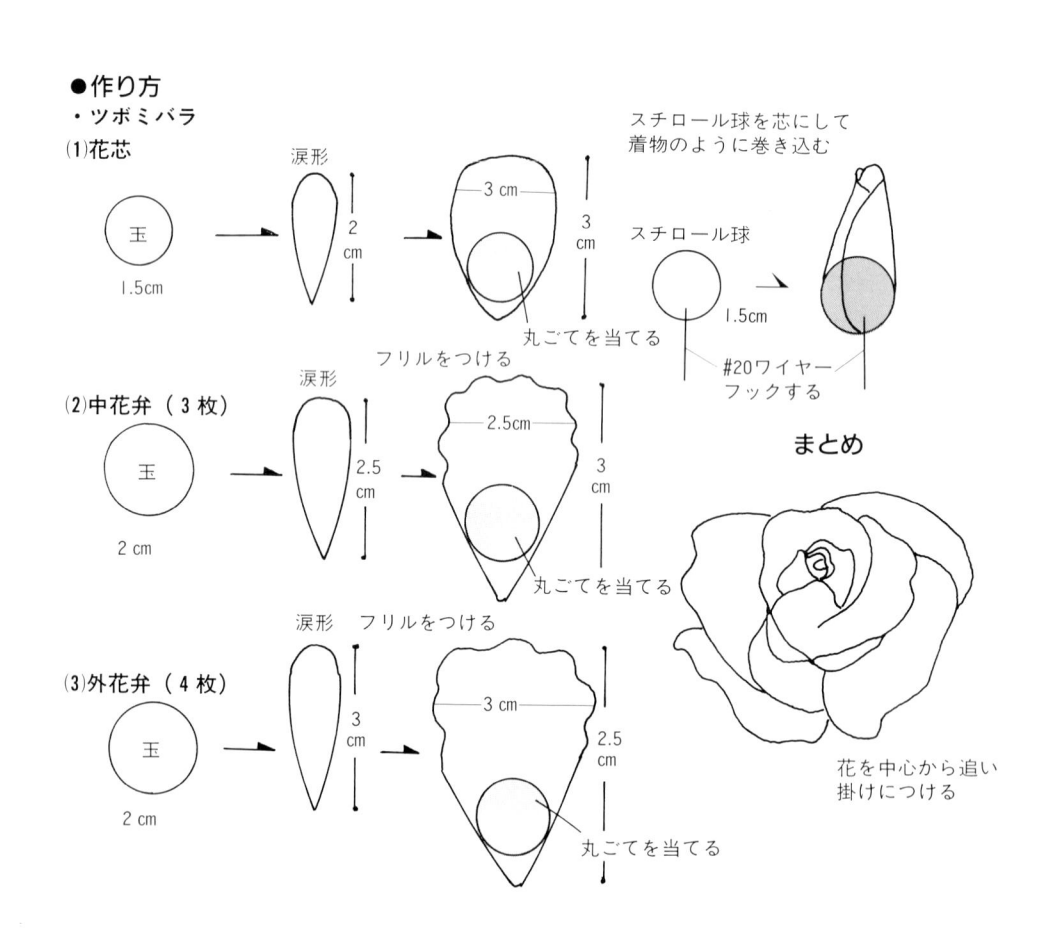

(1)花芯　玉1.5cm → 涙形 2cm → 3cm×3cm 丸ごてを当てる → スチロール球1.5cm #20ワイヤー フックする → スチロール球を芯にして着物のように巻き込む

(2)中花弁（3枚）　玉2cm → 涙形 2.5cm → 2.5cm×3cm フリルをつける 丸ごてを当てる

(3)外花弁（4枚）　玉2cm → 涙形 3cm フリルをつける → 3cm×2.5cm 丸ごてを当てる

まとめ

花を中心から追い掛けにつける

・ブバリア

(1) 花弁

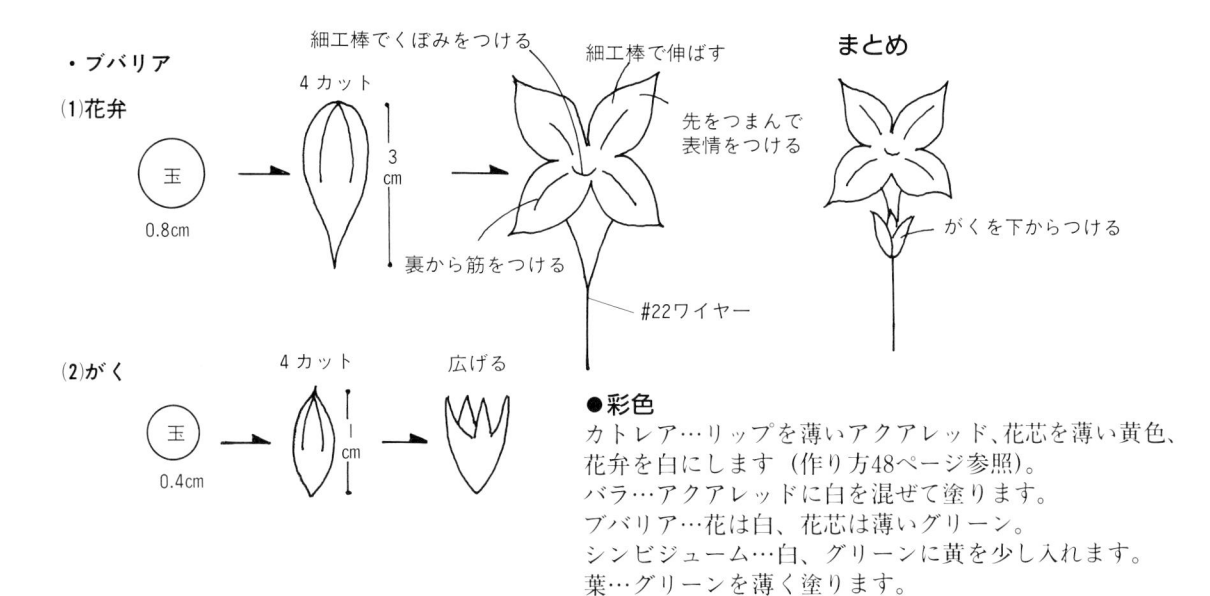

玉 0.8cm → 4カット 3cm 裏から筋をつける → 細工棒でくぼみをつける／細工棒で伸ばす／先をつまんで表情をつける／#22ワイヤー

(2) がく

玉 0.4cm → 4カット 1cm → 広げる

まとめ

がくを下からつける

●彩色

カトレア…リップを薄いアクアレッド、花芯を薄い黄色、花弁を白にします（作り方48ページ参照）。
バラ…アクアレッドに白を混ぜて塗ります。
ブバリア…花は白、花芯は薄いグリーン。
シンビジューム…白、グリーンに黄を少し入れます。
葉…グリーンを薄く塗ります。

バスケットブーケの作り方

(1) ガーランドを作る

根元の部分

バラやブバリアを組み合わせて長短のガーランドを作っておく。先端は小さくまとめる

10cm／25cm／15cm

(2) ハンドルを作る

#16ワイヤー2本
#18ワイヤー2本 長さ60cm
22cm
5.5cm

ティッシュペーパー＋Fテープ＋サテンのリボン
細いワイヤーできつく巻く

(3) ガーランドのまとめ

10cm

根元の10cmを直角に折って、ワイヤー・Fテープを巻く

(4) 全体のまとめ

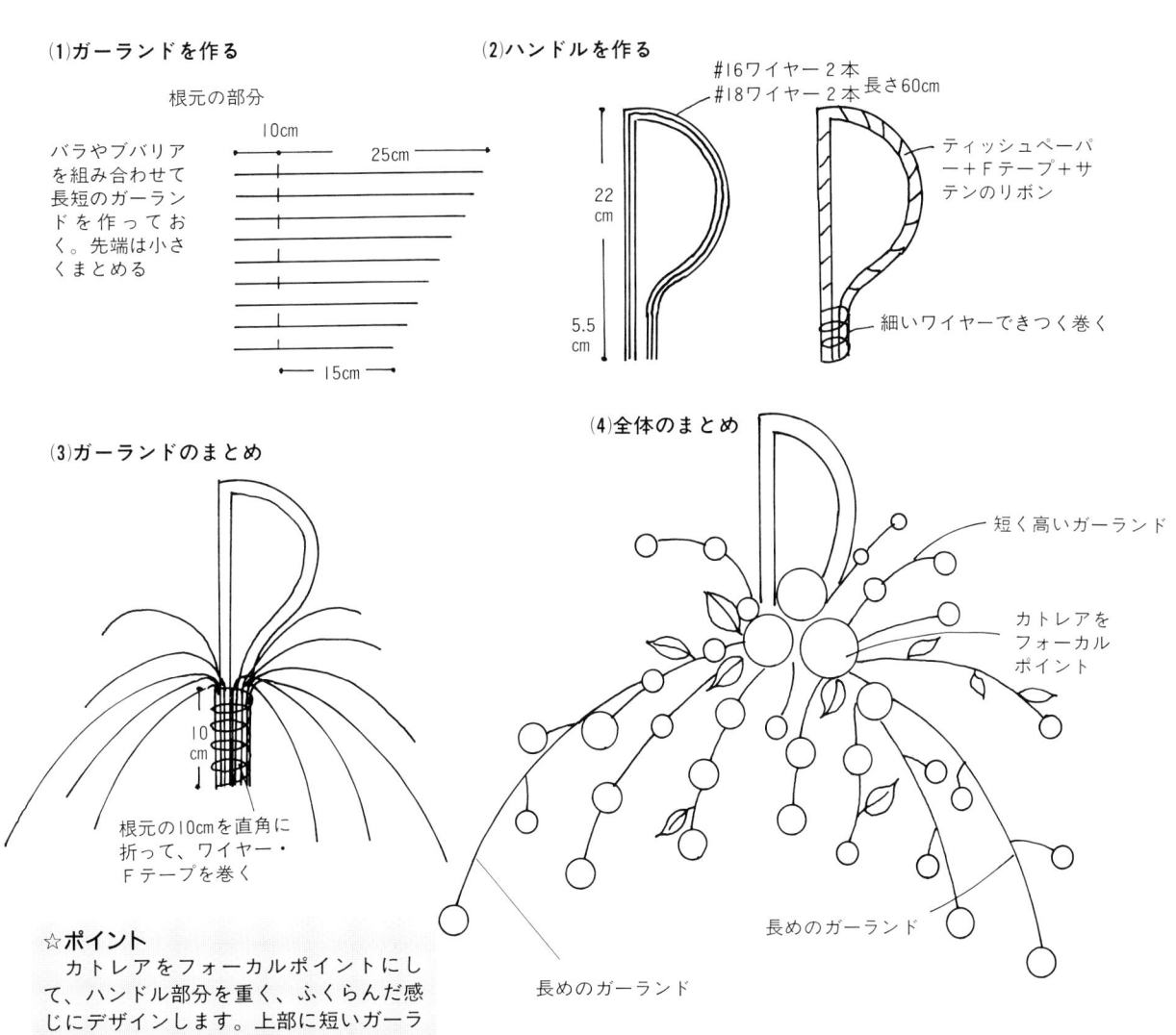

短く高いガーランド
カトレアをフォーカルポイント
長めのガーランド
長めのガーランド

☆ポイント
カトレアをフォーカルポイントにして、ハンドル部分を重く、ふくらんだ感じにデザインします。上部に短いガーランドを高く、下部に長いガーランドを流すように組み合わせます。

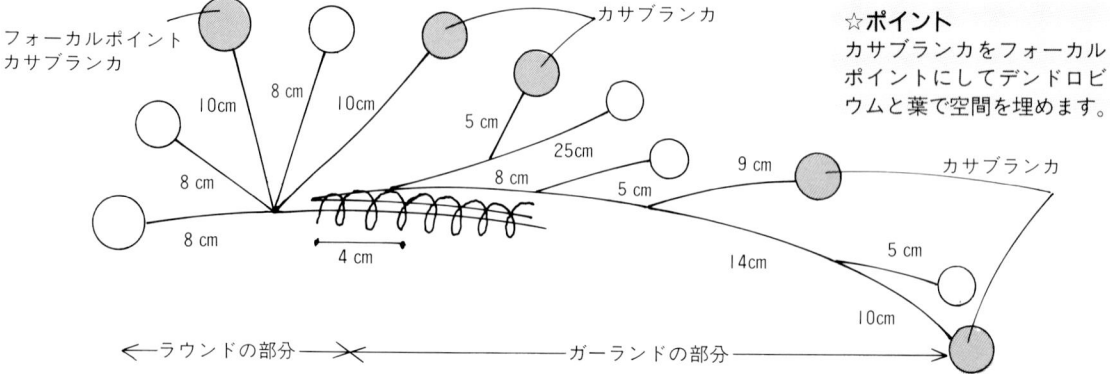

〈ブライダル〉
キャスケードブケー （カサブランカ）
カラー口絵24ページ

　小さな滝の流れのような優雅なラインが、ドレスにぴったりのブケーです。大輪のカサブランカに、デンドロビウムを添えて豪華で素敵な仕上がりになりました。

● 材料

軽量粘土・グレイス（4：2）、ワイヤー（#14・#20・#24・#26）、Fテープ（ミントアイボリー）、アクリル絵の具

● 彩色〈カサブランカ〉

部分名	練り込む色	彩　色
しべ	サップグリーンを薄く	白を多くしてサップグリーンを塗る
花弁		全体に白を塗り、花弁の縁にモーブ1モーブ2を薄く塗ってアクセントにする。花の奥の方は黄とサップグリーンを薄く塗る
葉	サップグリーン	フーカスグリーンとチタニウムホワイトで薄く塗る

● 作り方　・デンドロビウム

(1) 花芯　玉 0.6cm → 細工棒で筋を入れる／#26ワイヤー 先にFテープを巻いておく

(2) リップ　玉 1cm → 3cm → フリル

(3) ペタル・セパル　玉 1.5cm → 3cm → 5カット → 花弁の縁を手でつまんで裏側に反らせる

花芯はパーマネントイエローで塗る

3.5cm

リップの先にモーブで薄くアクセントを入れる

花弁の先にモーブでアクセントを入れる

組み方（43ページ参照）

フォーカルポイント カサブランカ
カサブランカ
カサブランカ

10cm　8cm　10cm　5cm
8cm　25cm　8cm　5cm　9cm
8cm　14cm　5cm
4cm　10cm

←ラウンドの部分→　←ガーランドの部分→

☆ポイント
カサブランカをフォーカルポイントにしてデンドロビウムと葉で空間を埋めます。

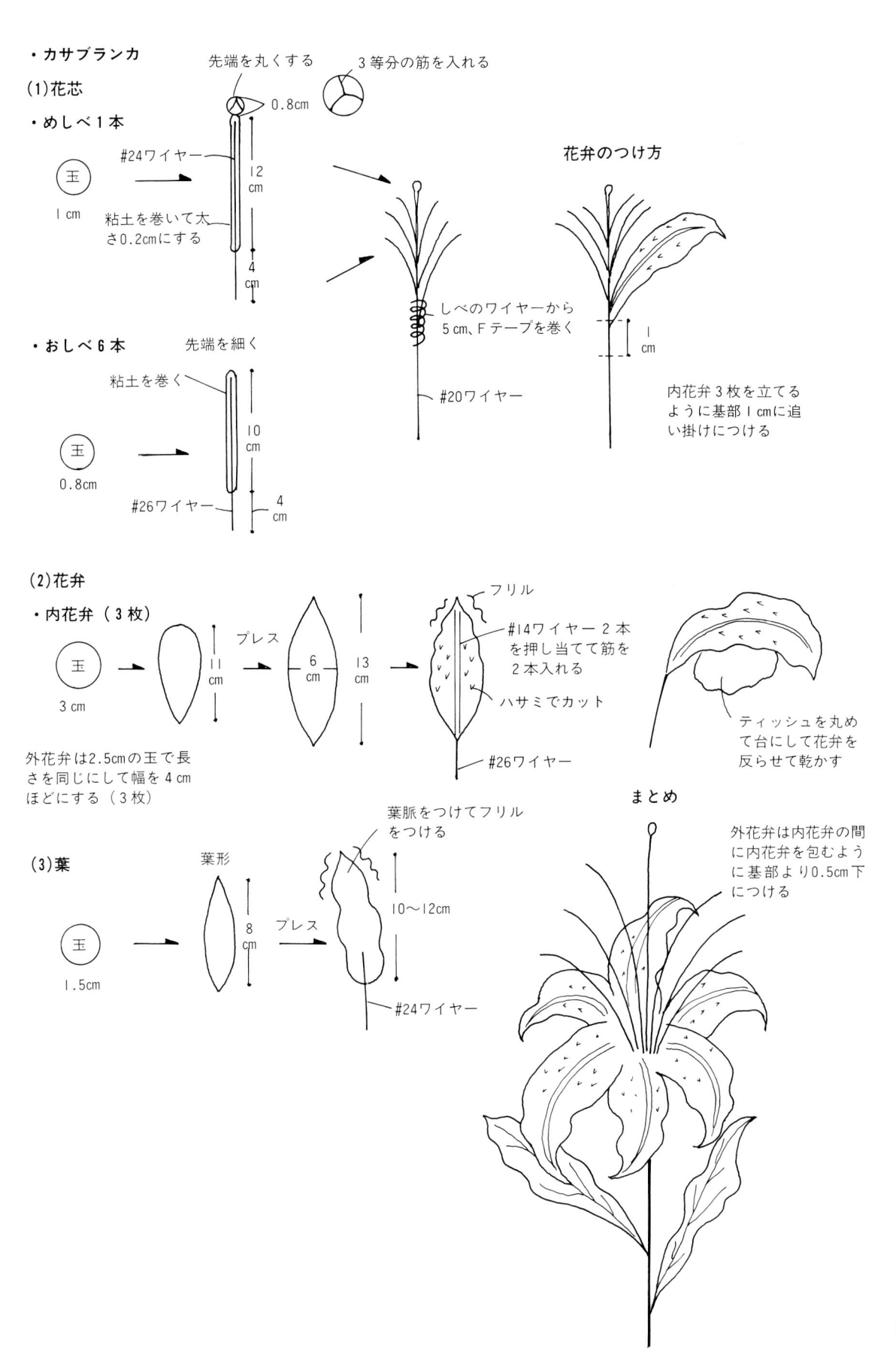

・カサブランカ

(1)花芯

・めしべ1本

玉 1cm

#24ワイヤー
先端を丸くする
3等分の筋を入れる
0.8cm
12cm
粘土を巻いて太さ0.2cmにする
4cm

花弁のつけ方

しべのワイヤーから5cm、Fテープを巻く
#20ワイヤー

1cm

内花弁3枚を立てるように基部1cmに追い掛けにつける

・おしべ6本

先端を細く
粘土を巻く
玉 0.8cm
10cm
#26ワイヤー
4cm

(2)花弁

・内花弁(3枚)

玉 3cm → 11cm → プレス → 6cm 13cm →

フリル
#14ワイヤー2本を押し当てて筋を2本入れる
ハサミでカット
#26ワイヤー

ティッシュを丸めて台にして花弁を反らせて乾かす

外花弁は2.5cmの玉で長さを同じにして幅を4cmほどにする(3枚)

(3)葉

玉 1.5cm → 葉形 8cm → プレス → 葉脈をつけてフリルをつける 10〜12cm
#24ワイヤー

まとめ

外花弁は内花弁の間に内花弁を包むように基部より0.5cm下につける

75

〈ブライダル〉
キャスケードブケー （モナルダ）
カラー口絵20ページ

鮮やかな色が美しいモナルダでちょっとユニークなブケー。ドレスの色や持つ人の個性に合わせましょう。

● **材料**
軽量粘土、ワイヤー（#20・#24）、Fテープ、絵の具

● **彩色**

部分名	練り込む色	彩色
花弁	アクラレッド、ジンクホワイト、マジェンダ、パーマネントライトバイオレット	アクラレッドとジンクホワイトを混ぜて塗り、マジェンダ、パーマネントライトバイオレット、ホワイトでアクセント
葉	グリーングレー、ジンクホワイト、フーカスグリーン	グリーングレーとジンクホワイトを混ぜて塗り、ミントグリーン、フーカスグリーンでアクセント

● **作り方** ・モナルダ

(1) 花芯　玉 0.8cm → 涙形を広げる 1.2cm → 伸ばし棒で押してくぼませる → 外側の長い方を伸ばし棒で幅広くして伸ばして反らす

(2) 花弁　玉 1.8cm → 浮き形 4.8cm → 浅い切り込み、深い切り込み2か所 → 幅の広い花弁（外側）（全開は14枚）

(3) がく　玉 2cm → お椀型に平らにする 2.2cm 1.3cm #20ワイヤー → がくが柔らかい内に内側に6枚、外側に8枚差し込む 花芯（中心）

(4) つぼみ（17個）玉 0.6cm → 涙形 → 曲げる 2cm → 曲がった方を内側にして周りに差し込む 1.5cm #20ワイヤー

(5) がく　玉 1.3cm → 6カット 1.5cm → 直棒で伸ばす

(6) がく　玉 2cm → 6カット 3cm → 2cm切り込む → 細工棒で広げる → 6枚を点線部分で下に折る

まとめ
花弁／(3)がく／(5)がく／(6)がく／葉

40cm × 70cm
モナルダ大／一重のミニバラ／八重のミニバラ／葉／モナルダ

モナルダをフォーカルポイントにして、一重のミニバラ、八重のミニバラ、葉で空間を埋める

(7) 葉　玉 小1.5cm 大2cm → 小3.5cm 大5cm → プレス フリル 葉脈 小5cm 大6.5cm #24ワイヤー

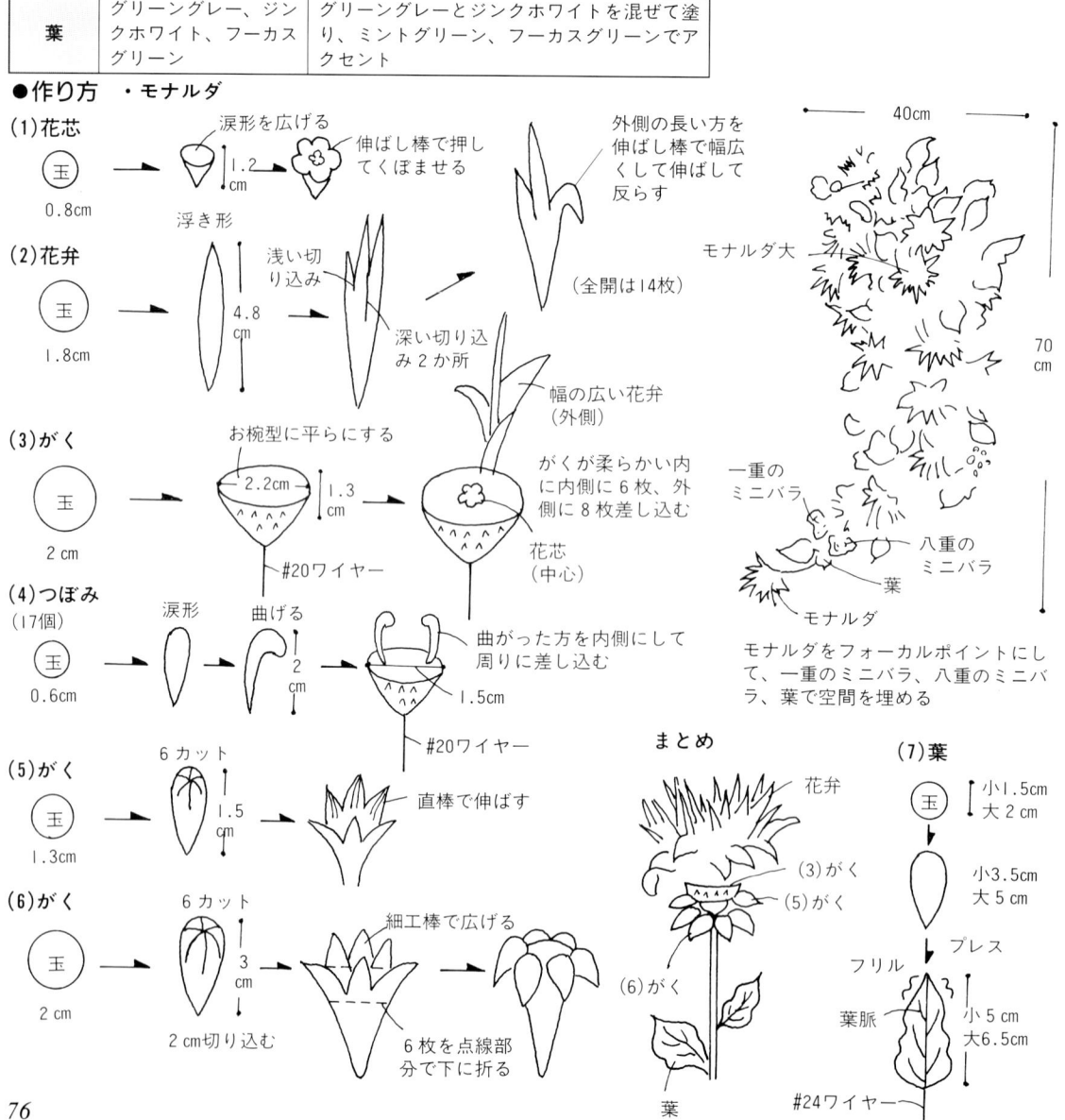

〈ブライダル〉

フラワーバッグブケー

カラーロ絵23ページ

　可愛いバッグの全面に、愛らしいマーガレットをいっぱいつけたブケーです。ガーデンウェディングや、レストランウェディングに相性抜群です。バッグとしての実用性もあります。

●**材料**
軽量粘土・マイネッタ（3：1）、ワイヤー（#18）、布製レーステープ・木綿テープ（茶各幅2cm、長さ38cm）、洗剤の空き箱、フェルト、マジックテープ（2cm×2cm）

●**彩色** 〈マーガレット〉

部分名	練り込む色	彩色
花弁	ローアンバー	
しべ		パーマネントイエローとホワイトを混ぜて塗る

●**作り方**

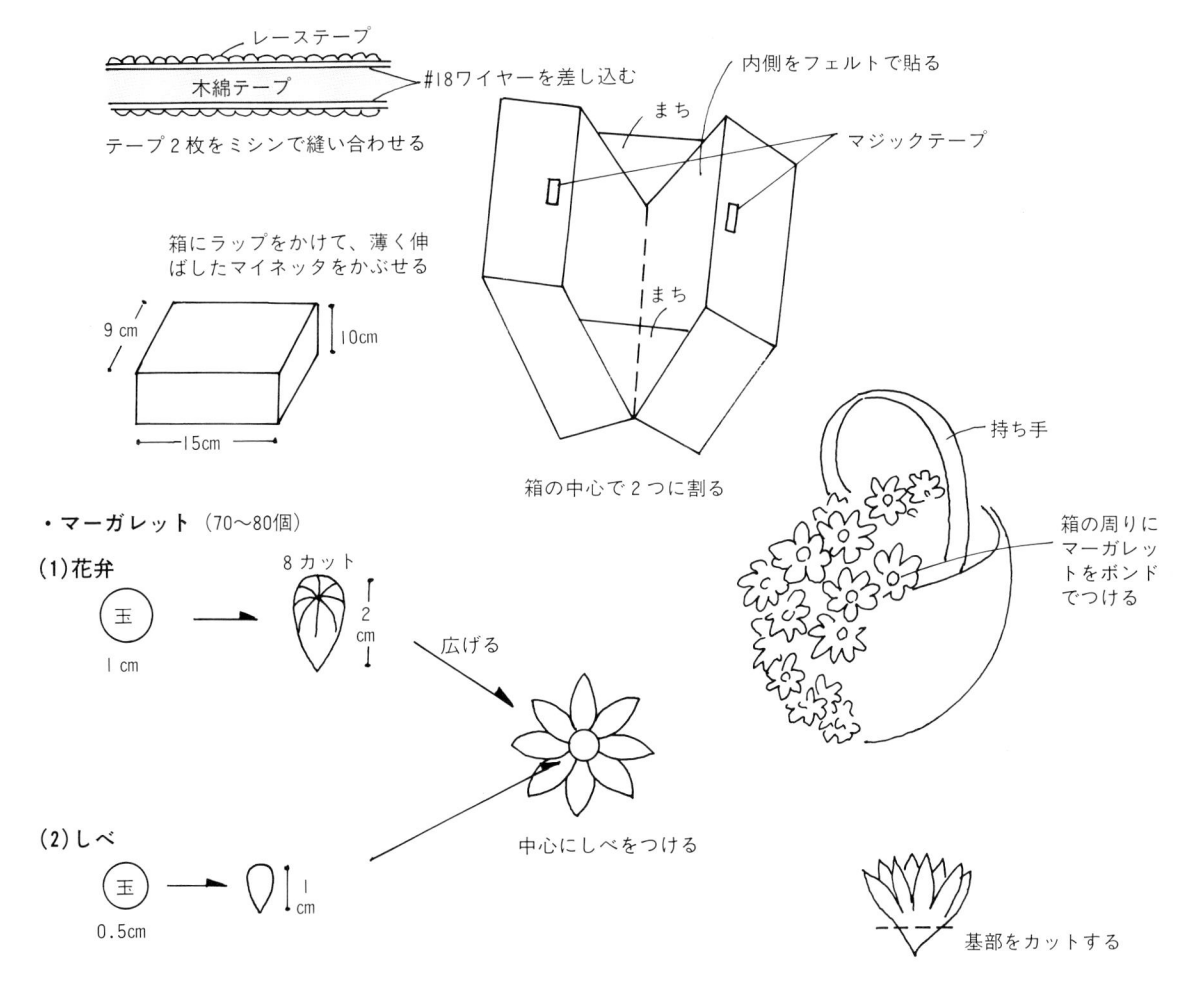

- レーステープ
- 木綿テープ
- #18ワイヤーを差し込む
- テープ2枚をミシンで縫い合わせる
- 内側をフェルトで貼る
- まち
- マジックテープ
- 箱にラップをかけて、薄く伸ばしたマイネッタをかぶせる
- 9cm　10cm　15cm
- 箱の中心で2つに割る

・**マーガレット**（70〜80個）

(1) 花弁
　玉 1cm → 8カット 2cm
　広げる → 中心にしべをつける

(2) しべ
　玉 0.5cm → 1cm

- 持ち手
- 箱の周りにマーガレットをボンドでつける
- 基部をカットする

〈ブライダル〉

ヘッドドレス

カラー口絵21ページ

ウェディングに欠かせない清楚なヘッドドレス。小花とアイビーを組み合わせて全体に白っぽく仕上げます。お揃いのブケーでよりエレガントに…。

● 材料

軽量粘土、ワイヤー(#20・#22・#24・#26白地巻き)、Fテープ(ライトグリーン)、白のチュール(1.6m)、くし(13cm)、アクリル絵の具、ガラスペップ

● 彩色

部分名	彩色
ミニバラ	パーマネントイエローライトとチタニウムホワイトを混ぜて塗る
マーガレット	花弁にチタニウムホワイトを塗り、薄くサップグリーンとイエローを塗る
アイビー	中心にテールベルトを塗り、周りにチタニウムホワイトを塗る
スズラン	チタニウムホワイト

● 作り方

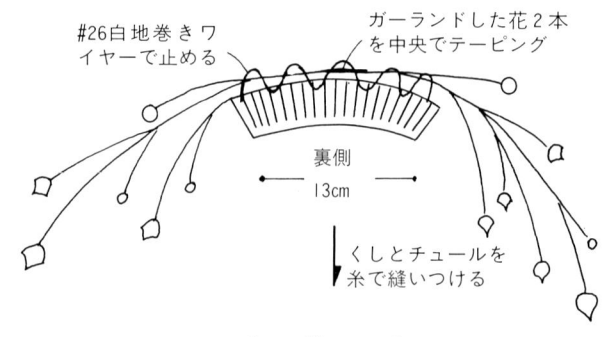

#26白地巻きワイヤーで止める

ガーランドした花2本を中央でテーピング

裏側

13cm

くしとチュールを糸で縫いつける

☆ポイント

ミニバラをフォーカルポイントにして小花を組み合わせ、ガーランドします。くしにガーランドした花をワイヤーでしっかり止め、縫い縮めたチュールに糸で縫いつけます。

軽く仕上げるために、見えない、花の裏側のがくはつけません。フォーカルポイントの花は浮かさないでぴったりつけるとよいでしょう。

13cm

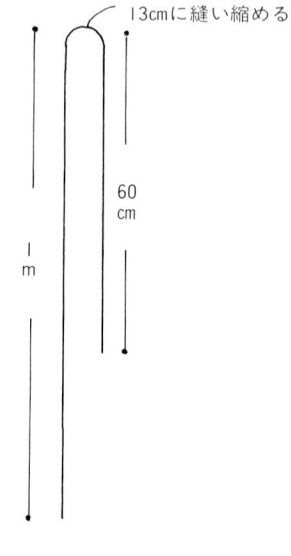

チュールを折って幅13cmに縫い縮める

60cm

1m

チュール(1m+60cm)

――― ブレスレット ―――

小花を組み合わせてブレスレットを作ってみましょう。長さ16cmのガーランドを2本作り、中央で合わせてFテープでつなぎます。

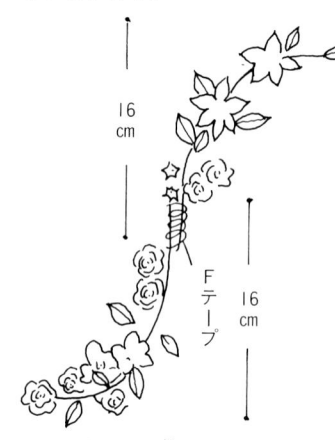

16cm

Fテープ

16cm

カラー口絵21ページ

・スズラン

玉 1cm → (雫型) 1.5cm → 5カット → ガラスペップ / ふくらますように / #24ワイヤー

・アイビー

玉 1cm → カットする 4cm → アイビーの葉型 / #24ワイヤー

・マーガレット

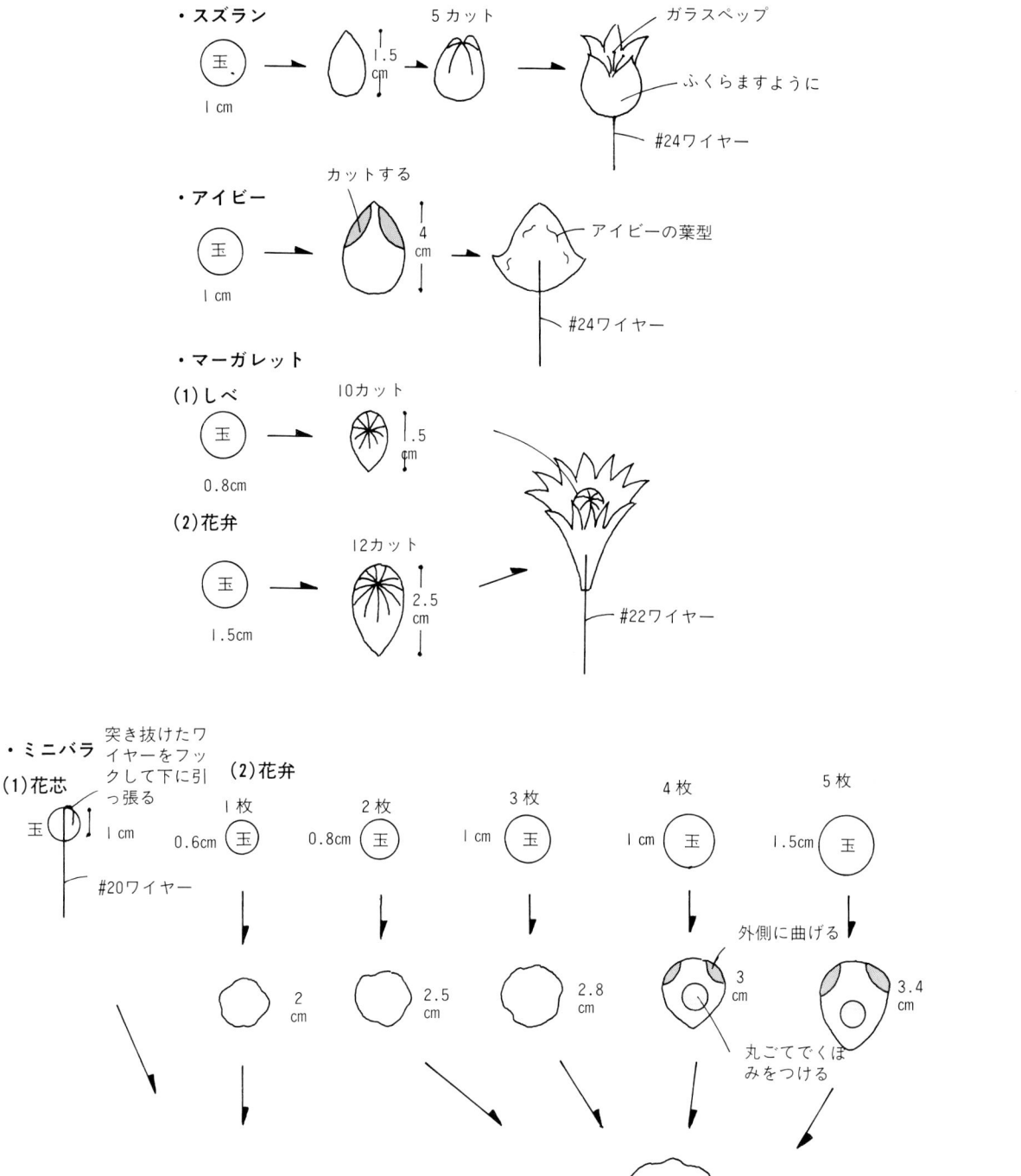

(1) しべ
玉 0.8cm → 10カット 1.5cm

(2) 花弁
玉 1.5cm → 12カット 2.5cm → #22ワイヤー

・ミニバラ

(1) 花芯
玉 1cm 突き抜けたワイヤーをフックして下に引っ張る
#20ワイヤー

(2) 花弁

1枚	2枚	3枚	4枚	5枚
0.6cm 玉	0.8cm 玉	1cm 玉	1cm 玉	1.5cm 玉
2cm	2.5cm	2.8cm	3cm	3.4cm

外側に曲げる
丸ごてでくぼみをつける

花芯を巻き込む

中心から順に追い掛けにつけてゆく

79

〈インテリア〉

ウェルカムボード (ユーチャリス)

カラー口絵25ページ

お招きした方々を花たちが優しくお迎えします。パーティーのオープニングにぴったりの、花いっぱいのウエルカムボードです。

ユーチャリスは白くて可憐な花で、ブケーなどにもよく使われます。

● 材料

軽量粘土、ワイヤー（#20・#22・#30）、Fテープ（モスグリーン）、ペップ、アクリル絵の具、ボード（34×45cm）

● 彩色

部分名	練り込む色	彩色
花芯	ホワイト	全体をホワイトで塗り、中心にサップグリーンを内側からぼかし、花芯の長い部分を濃く筋状に塗り、外側も同様に塗る
花	ホワイト	ホワイトで塗り、花の中心より外に向けて、薄くサップグリーンでぼかす
つぼみ	ホワイト	ホワイトで塗り、サップグリーンでアクセント

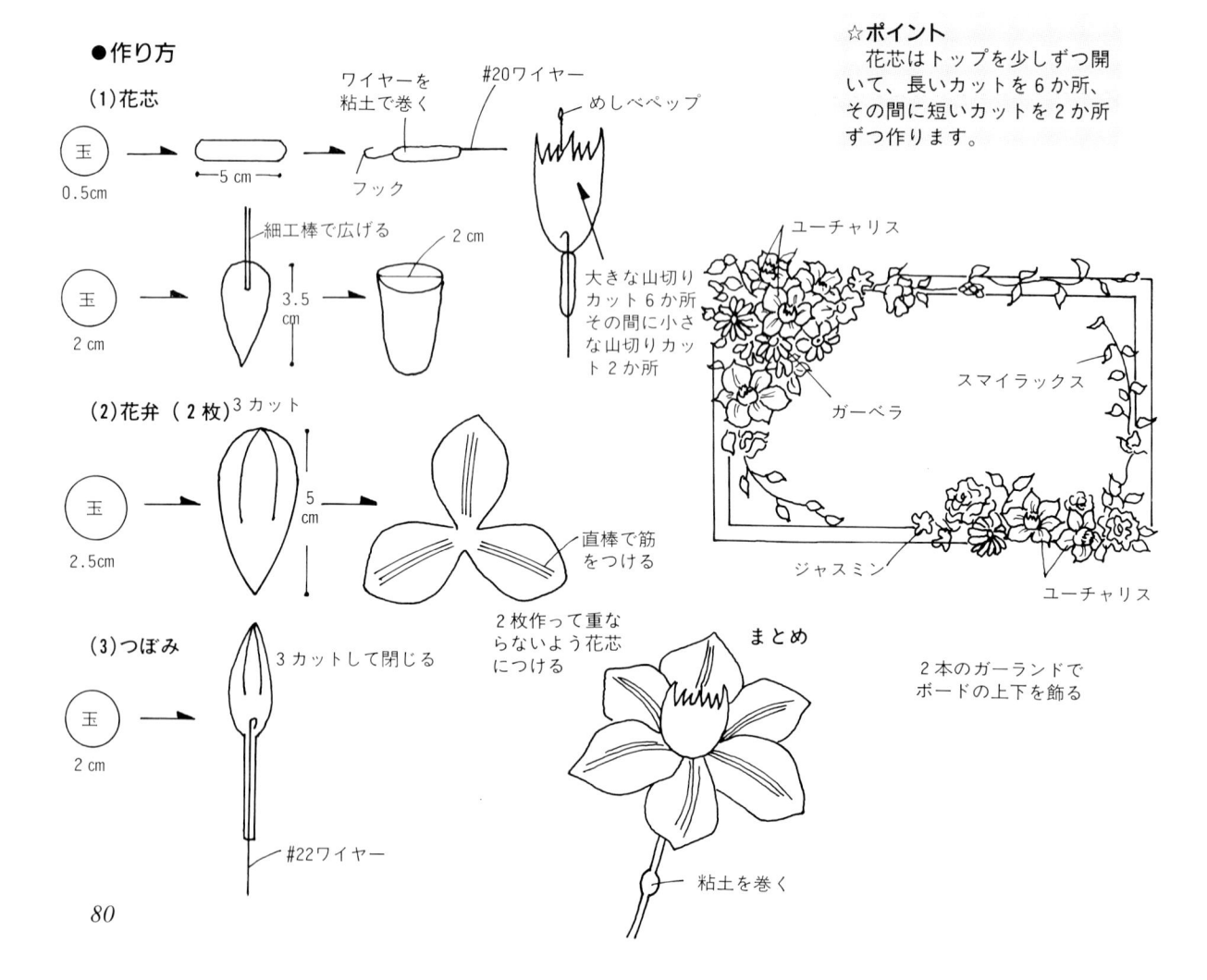

● 作り方

(1) 花芯
玉 0.5cm → 5cm → ワイヤーを粘土で巻く／フック／#20ワイヤー → めしべペップ
玉 2cm → 細工棒で広げる／3.5cm → 2cm → 大きな山切りカット6か所 その間に小さな山切りカット2か所

(2) 花弁（2枚）3カット
玉 2.5cm → 5cm → 直棒で筋をつける

(3) つぼみ
玉 2cm → 3カットして閉じる → #22ワイヤー

☆ポイント
花芯はトップを少しずつ開いて、長いカットを6か所、その間に短いカットを2か所ずつ作ります。

まとめ
2枚作って重ならないよう花芯につける
粘土を巻く

ユーチャリス
スマイラックス
ガーベラ
ジャスミン
ユーチャリス

2本のガーランドでボードの上下を飾る

〈インテリア〉

ウォールブケー （八重咲きのバラ）

カラー口絵26ページ

ブケーのような形をした壁飾りです。ウェディングパーティーの会場に飾って雰囲気を盛り上げましょう。素敵なカップルに、手作りで心のこもったプレゼントはいかが…。

● **材料**

グレイス、ワイヤー（#16・#22）、Fテープ（ミントアイボリー）、アクリル絵の具（パールまたはパールの粉）、油絵の具

● **彩色**

部分名	練り込む色	彩色
花芯	ネープルスイエロー	ネープルスイエローにホワイトを混ぜる
花弁		アクリル絵の具（パール）を、水で薄めながら塗り、花芯の周りと花弁に、グリーングレーとホワイトを混ぜてぼかす
葉	グリーングレー	グリーングレーを全体に塗り、葉先はテールベルトで塗る。仕上げにパールを部分的に塗る

でき上がり寸法　縦140cm

☆**ポイント**

花弁は少し乾燥させてから組みます。花弁は、0.8cm～1cm外側に出して3重に組みます。

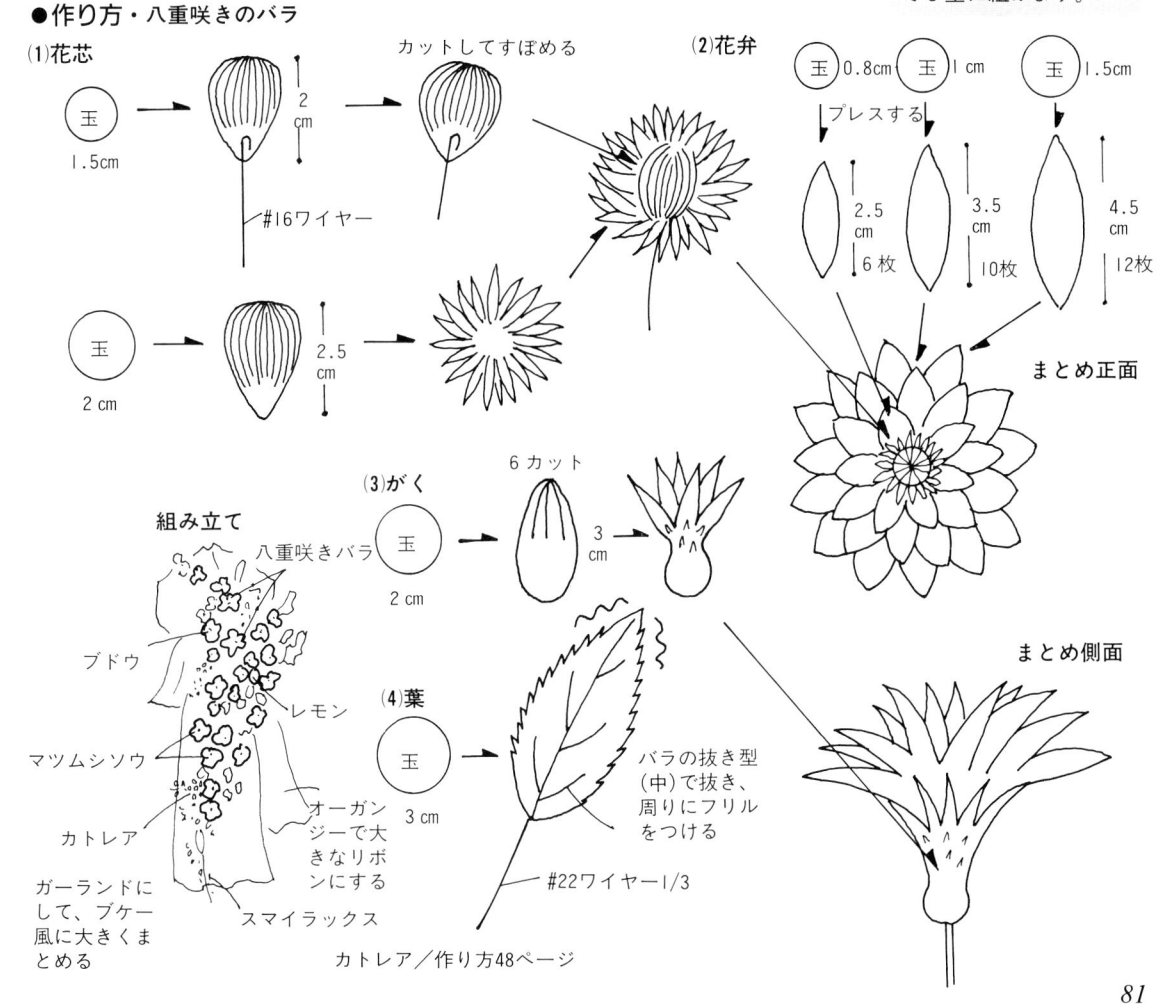

● **作り方・八重咲きのバラ**

(1) 花芯　玉 1.5cm → 2cm カットしてすぼめる #16ワイヤー

玉 2cm → 2.5cm

(2) 花弁　玉 0.8cm / 1cm / 1.5cm プレスする 2.5cm 6枚 / 3.5cm 10枚 / 4.5cm 12枚　まとめ正面

(3) がく　玉 2cm → 6カット → 3cm

(4) 葉　玉 3cm → バラの抜き型（中）で抜き、周りにフリルをつける　#22ワイヤー1/3

組み立て
- 八重咲きバラ
- ブドウ
- レモン
- マツムシソウ
- カトレア
- オーガンジーで大きなリボンにする
- スマイラックス
- ガーランドにして、ブケー風に大きくまとめる

カトレア／作り方48ページ

まとめ側面

〈インテリア〉

キャンドルスタンド （シャガ）

カラー口絵13ページ

温かな明かりとおしゃれな花で、楽しいディナーを演出しましょう。

シャガは素朴な花ですが、繊細であまり他の色を塗りたくない不思議さがある素敵な花です。

●材料

軽量粘土・グレイス・シェルリッチ、ワイヤー（#20・#22・#24）、Fテープ（ライトグリーン）、アクリル絵の具、油絵の具、キャンドルスタンド台

でき上がり寸法　縦60cm

●彩色

部分名	練り込む色	彩色
花弁	サップグリーン	全体にジンクホワイトを塗り、バーントシェンナー、パーマネントイエローディープを混ぜて中心を塗りモーブで斑点をつける
葉		全体にサップグリーンを塗り、ジンクホワイト、セピアでアクセントをつける
スタンド		グリーングレーシルバーで全体を3回塗り、レッドオキサイト、イエローオキサイト、イエローライトでアクセントをつける

☆ポイント
どの花弁も、柔らかさを出すように、波棒で薄く伸ばします。

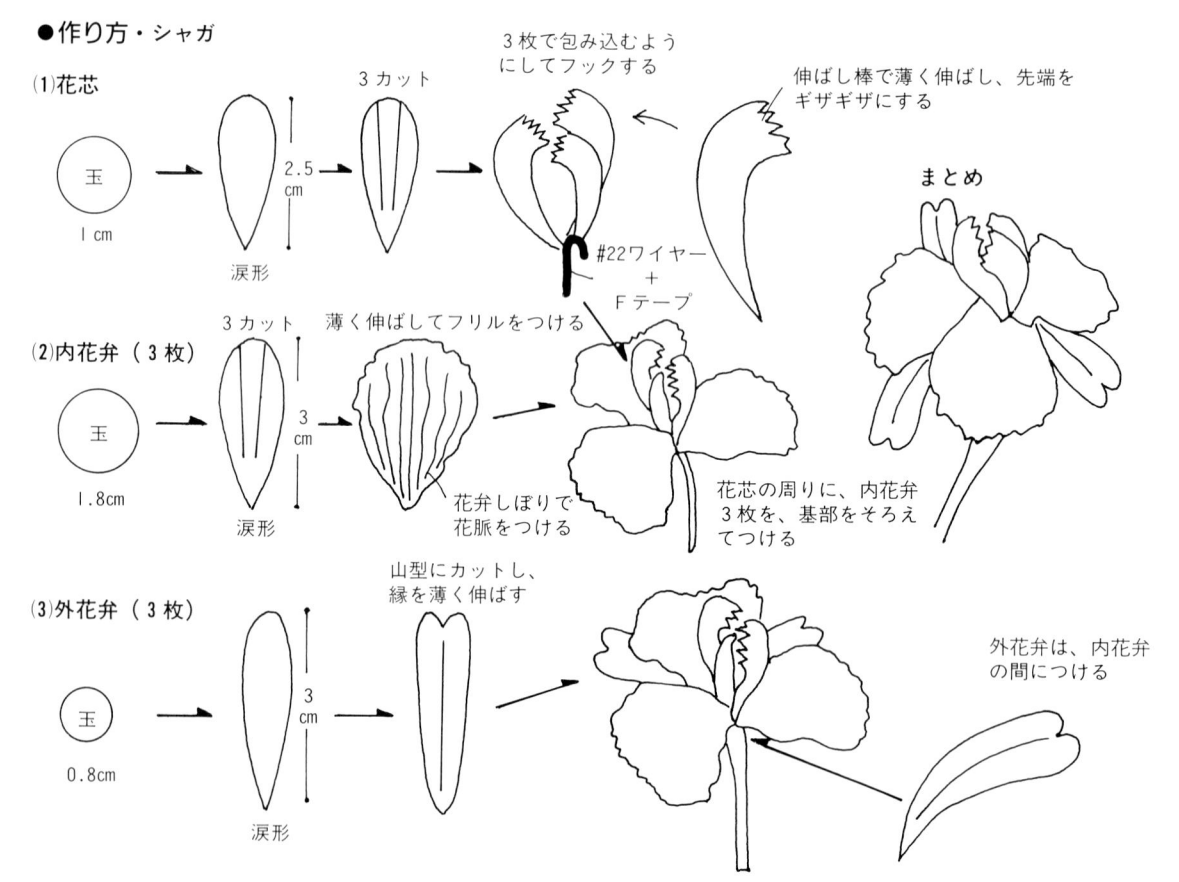

●作り方・シャガ

(1)花芯
玉 1cm → 涙形 2.5cm → 3カット → 3枚で包み込むようにしてフックする
#22ワイヤー＋Fテープ

伸ばし棒で薄く伸ばし、先端をギザギザにする

まとめ

(2)内花弁（3枚）
玉 1.8cm → 涙形 3cm → 3カット 薄く伸ばしてフリルをつける 花弁しぼりで花脈をつける → 花芯の周りに、内花弁3枚を、基部をそろえてつける

(3)外花弁（3枚）
玉 0.8cm → 涙形 3cm → 山型にカットし、縁を薄く伸ばす → 外花弁は、内花弁の間につける

(4) ステム

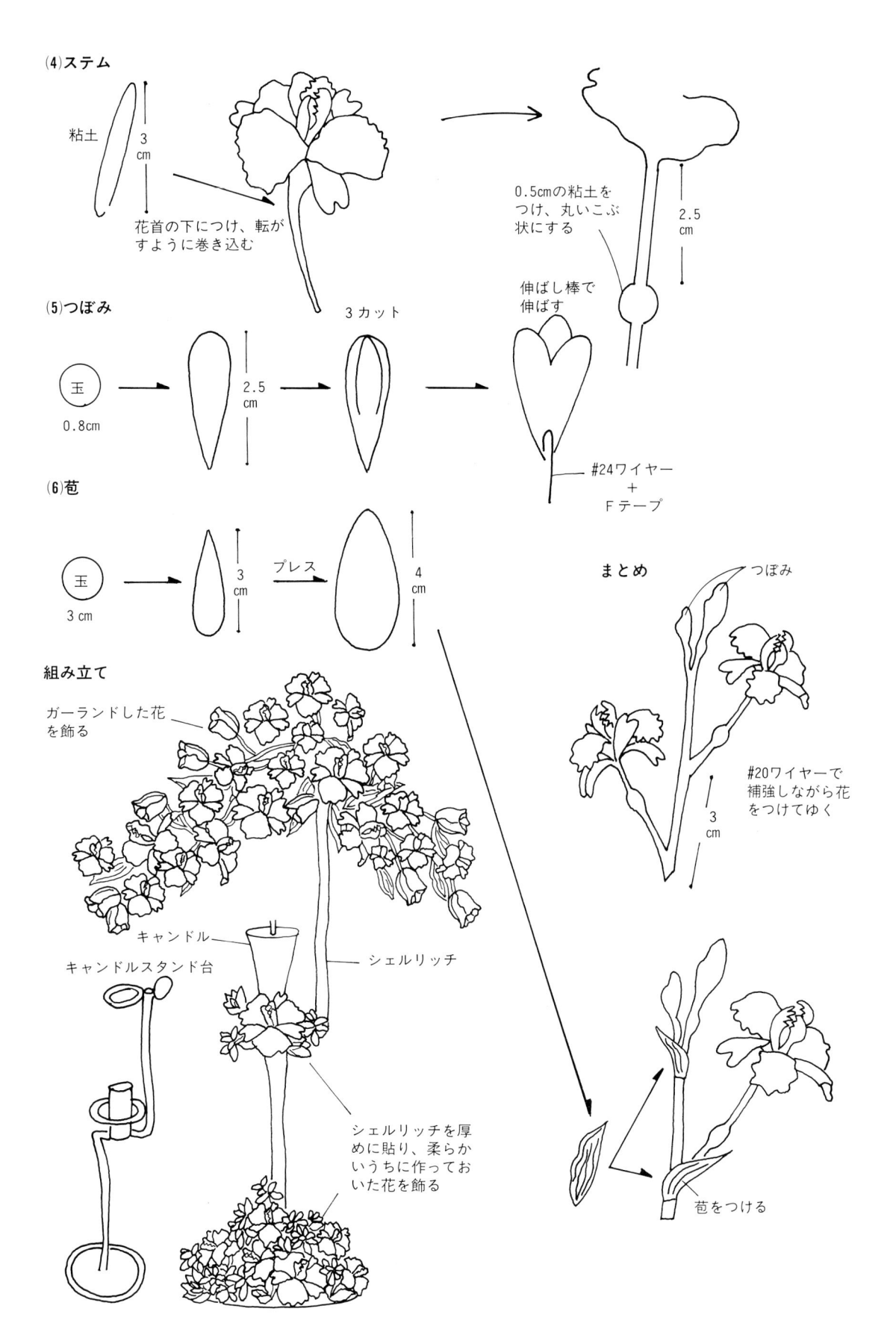

粘土 3cm

花首の下につけ、転がすように巻き込む

0.5cmの粘土をつけ、丸いこぶ状にする

伸ばし棒で伸ばす

2.5cm

(5) つぼみ

玉 0.8cm → 2.5cm → 3カット → #24ワイヤー + Fテープ

(6) 苞

玉 3cm → 3cm → プレス → 4cm

組み立て

ガーランドした花を飾る

キャンドル

キャンドルスタンド台

シェルリッチ

シェルリッチを厚めに貼り、柔らかいうちに作っておいた花を飾る

まとめ

つぼみ

#20ワイヤーで補強しながら花をつけてゆく

3cm

苞をつける

〈インテリア〉

クリスマスの額

カラー口絵19ページ

　三日月の周りで遊ぶ可愛い天使たち。いろいろな楽器を持って、クリスマスキャロルの演奏会。

　ブルーベリーの枝に、おいしそうな実がいっぱいです。

●材料
軽量粘土・グレイス・ファリネッタ・シェルリッチ、ワイヤー(#18)、油絵の具、アクリル絵の具

●彩色

部分名	練り込む色	彩色
顔	ジョンブリアン	
ドレス	レモンイエロー	
月		リキテックスイエロー、チタニウムホワイト、パールゴールドを塗る
葉		パーマネントサップグリーンとパールゴールドを塗る
ブルーベリー		ライトブルーバイオレット、先端にパールゴールドを塗る
額		ディオキサイジンパープルを塗る

でき上がり寸法　縦60×横45cm

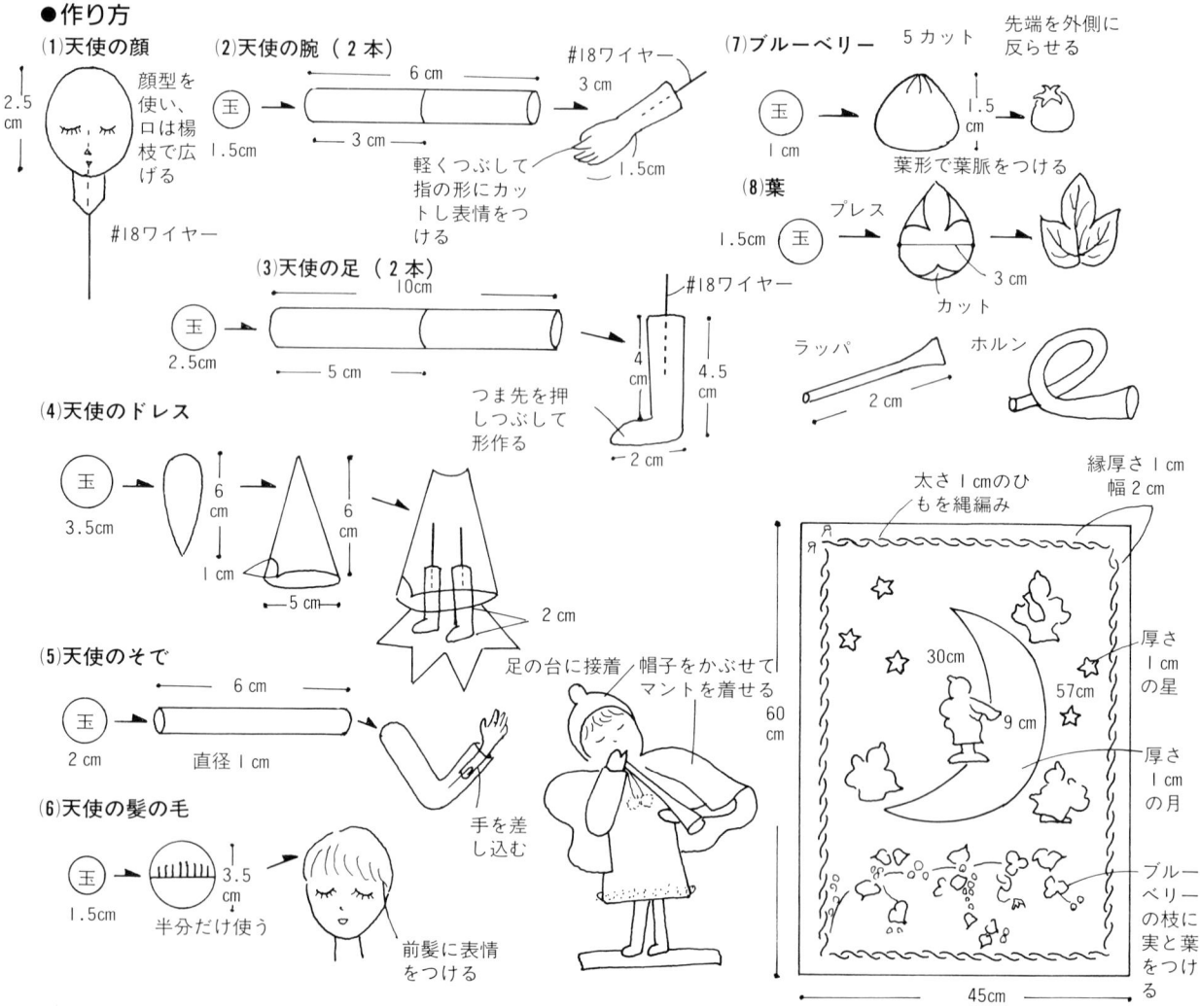

●作り方

(1) 天使の顔
(2) 天使の腕（2本）
(3) 天使の足（2本）
(4) 天使のドレス
(5) 天使のそで
(6) 天使の髪の毛
(7) ブルーベリー
(8) 葉

(1)〜(3)はファリネッタ、(4)〜(8)は軽量粘土とグレイス使用

厚さ0.5cmのシェルリッチを板に貼る

〈インテリア〉

壁飾り —（オカトラノオ）

カラー口絵14ページ

パステルカラーでまとめた優しい雰囲気の壁飾り。銅線に花をからませるようにして、柔らかなラインを出します。オカトラノオは、白い可憐な花が穂のようにつく動きのある花です。

●材料
軽量粘土・コスモス・グレイス（5：3：2）・カラーコスモス、ワイヤー（#20・#22・#28）、Fテープ（ライトグリーン）、油絵の具

でき上がり寸法／縦90cm

●彩色

部分名	練り込む色	彩　色
つぼみ 花	カラーコスモス赤、青	つぼみの先端から下に向かって、薄いサップグリーンに白を混ぜてぼかし、バイオレットブルー、コバルトブルー、プルシャンブルー、チタニウムホワイトで紫系に塗る
葉	カラーコスモス緑、黒	グリーングレー、サップグリーン、チタニウムホワイトを混ぜて濃淡を出す

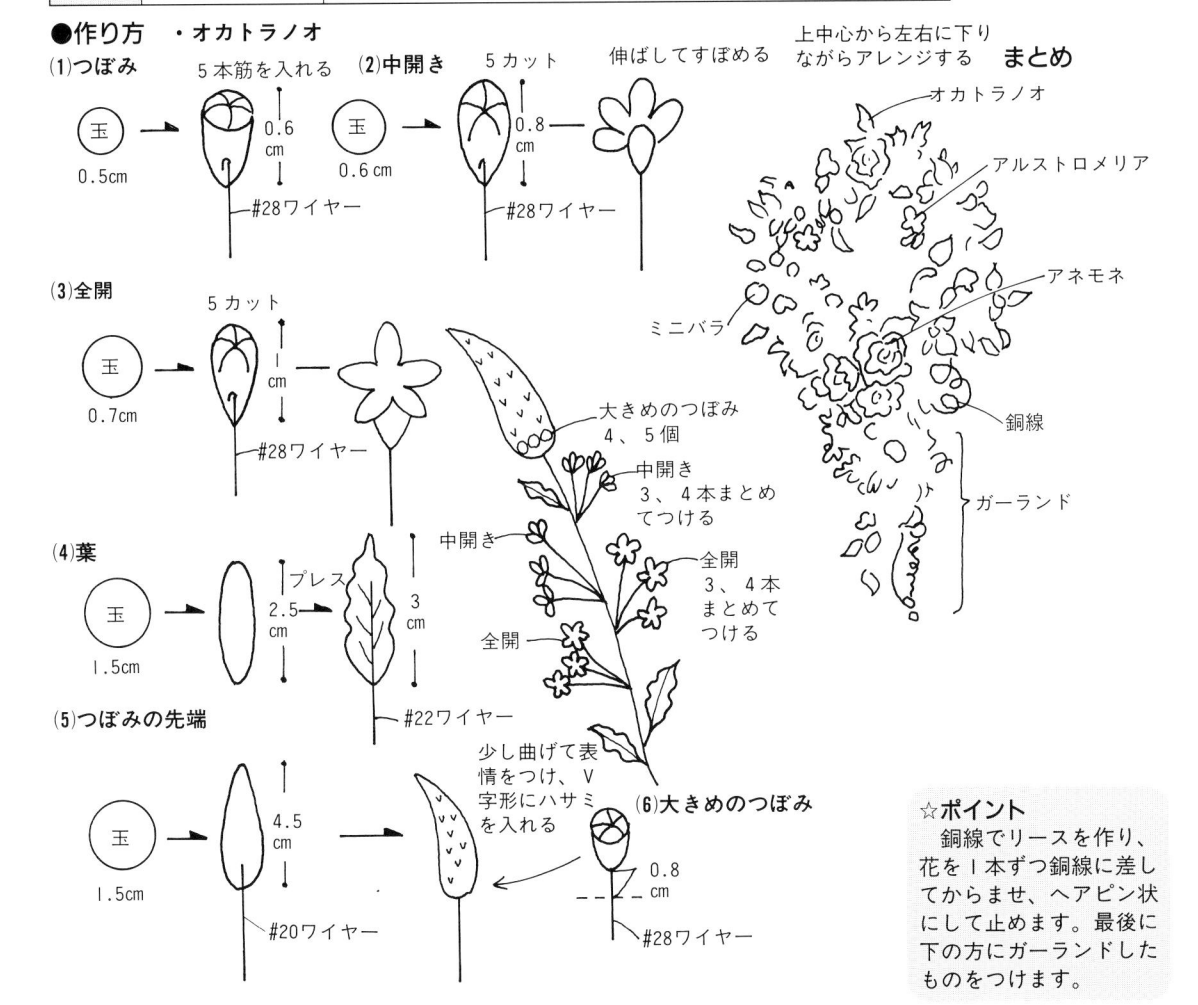

●作り方・オカトラノオ

(1) つぼみ　玉 0.5cm → 5本筋を入れる　0.6cm　#28ワイヤー

(2) 中開き　玉 0.6cm → 5カット　0.8cm　#28ワイヤー → 伸ばしてすぼめる

(3) 全開　玉 0.7cm → 5カット　1cm　#28ワイヤー

(4) 葉　玉 1.5cm → プレス 2.5cm → 3cm　#22ワイヤー

(5) つぼみの先端　玉 1.5cm → 4.5cm　#20ワイヤー → 少し曲げて表情をつけ、V字形にハサミを入れる

(6) 大きめのつぼみ　0.8cm　#28ワイヤー

まとめ
上中心から左右に下りながらアレンジする

- オカトラノオ
- アルストロメリア
- アネモネ
- 銅線
- ミニバラ
- ガーランド

大きめのつぼみ 4、5個
中開き 3、4本まとめてつける
全開 3、4本まとめてつける

☆ポイント
銅線でリースを作り、花を1本ずつ銅線に差してからませ、ヘアピン状にして止めます。最後に下の方にガーランドしたものをつけます。

〈インテリア〉
ノバラのリース

カラーロ絵16ページ

清楚なノバラをいっぱい使って、可愛いリースにしました。ビヨウヤナギとブドウを組み合わせて木の幹に沿わせると、いい雰囲気に仕上がりました。彩色は、重ね塗りをして深みを出します。

● 材料

軽量粘土・グレイス・コスモス(同量)、ワイヤー(#20・#22・#24)、Fテープ（ブラウン）、油絵の具、ペップ

でき上がり寸法／縦45cm

● 彩色

部分名	練り込む色	彩色
花弁	ペインズグレー	全体をクリムソンレーキで塗り、黒を少し混ぜて花弁の奥にシャドーを、ピオニーレッドにジンクホワイトを混ぜて弁先などにハイライトを入れる
花芯		ペップにパーマネントイエローオレンジを塗る
葉	テールベルト	オリーブグリーン、サップグリーン、パーマネントイエローディープ、ジンクホワイトを塗り、アクセントにクリムソンレーキを入れる

● 作り方　・ノバラ

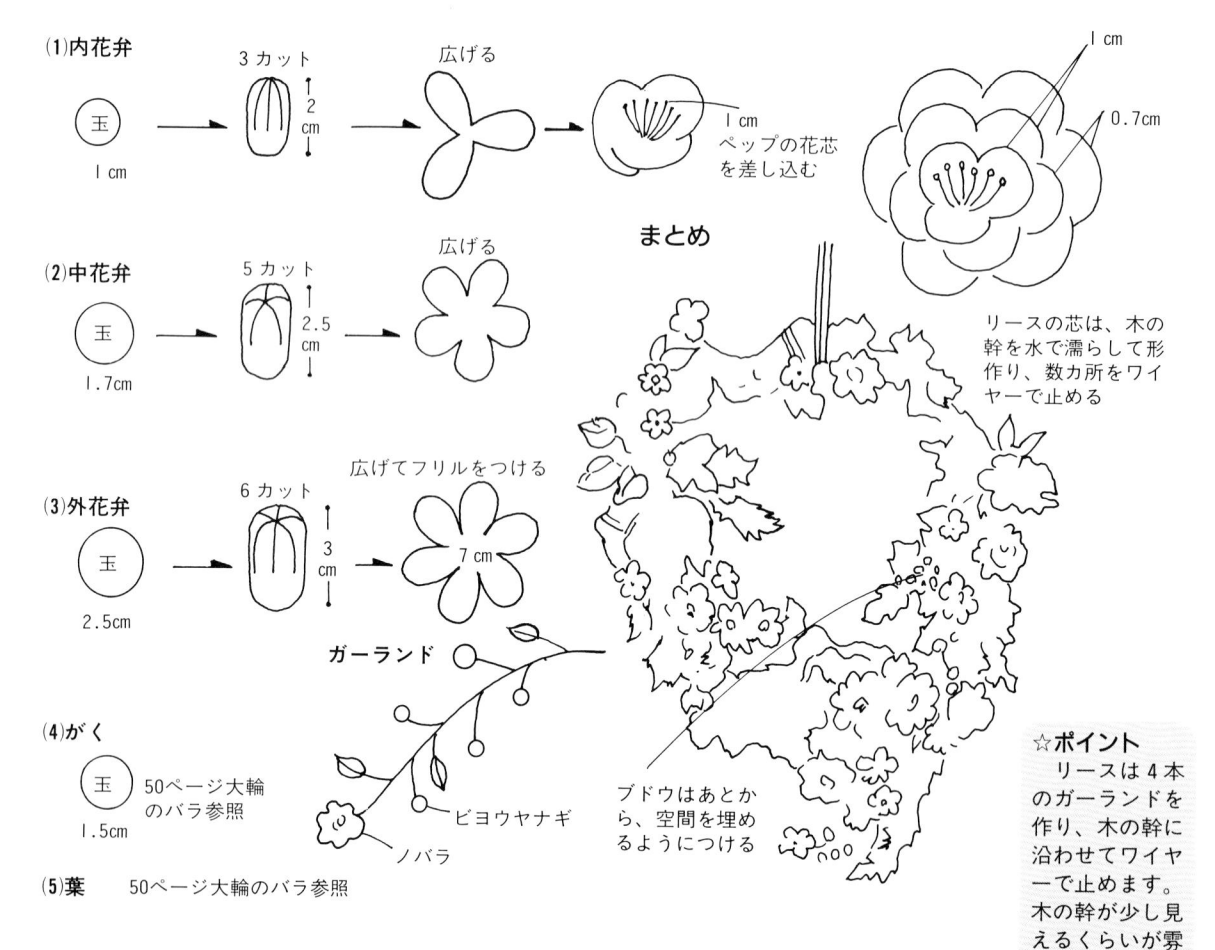

(1) 内花弁　玉 1cm → 3カット 2cm → 広げる → ペップの花芯を差し込む 1cm

1cm　0.7cm

(2) 中花弁　玉 1.7cm → 5カット 2.5cm → 広げる

まとめ

リースの芯は、木の幹を水で濡らして形作り、数カ所をワイヤーで止める

(3) 外花弁　玉 2.5cm → 6カット 3cm → 広げてフリルをつける 7cm

ガーランド

ビヨウヤナギ
ノバラ
ブドウはあとから、空間を埋めるようにつける

(4) がく　玉 1.5cm　50ページ大輪のバラ参照

(5) 葉　50ページ大輪のバラ参照

☆ ポイント

リースは4本のガーランドを作り、木の幹に沿わせてワイヤーで止めます。木の幹が少し見えるくらいが雰囲気が出ます。

〈インテリア〉

春夏秋冬の額

カラー口絵17ページ

花やフルーツで四季を表現し、額に収めてみました。春はパンジーとマーガレット、夏にはトケイソウ、味覚の秋はフルーツ、冬はクリスマスローズとヒイラギ、ノイチゴをアレンジしました。季節に合わせて1枚ずつ飾っても楽しいでしょう。

●材料
軽量粘土・ファリネッタ・グレイス、ワイヤー（#20・#22・#24）、アクリル絵の具、ベニヤ板（厚さ0.5cm×縦12cm×横33cm）4枚、額

でき上がり寸法
縦60×横43cm

●彩色

部分名	練り込む色	彩色
黄花弁	パーマネントイエローライト	パーマネントイエローライトにネープルスイエローライトを混ぜて塗り、しべにはパーマネントグリーンライトを塗る
赤花弁	ローズグレー	クリムソンレーキとローズグレーを混ぜて塗る。
ヒイラギの葉	テールベルト	テールベルトで塗り、先端はパーマネントイエローライトで濃淡を出す
ノイチゴ	ペインズグレー	クリムソンレーキで塗る

☆ポイント
額の縁は乾燥すると1割縮むので注意します。花と花の空間をあけないよう中心をふくらませてアレンジします。

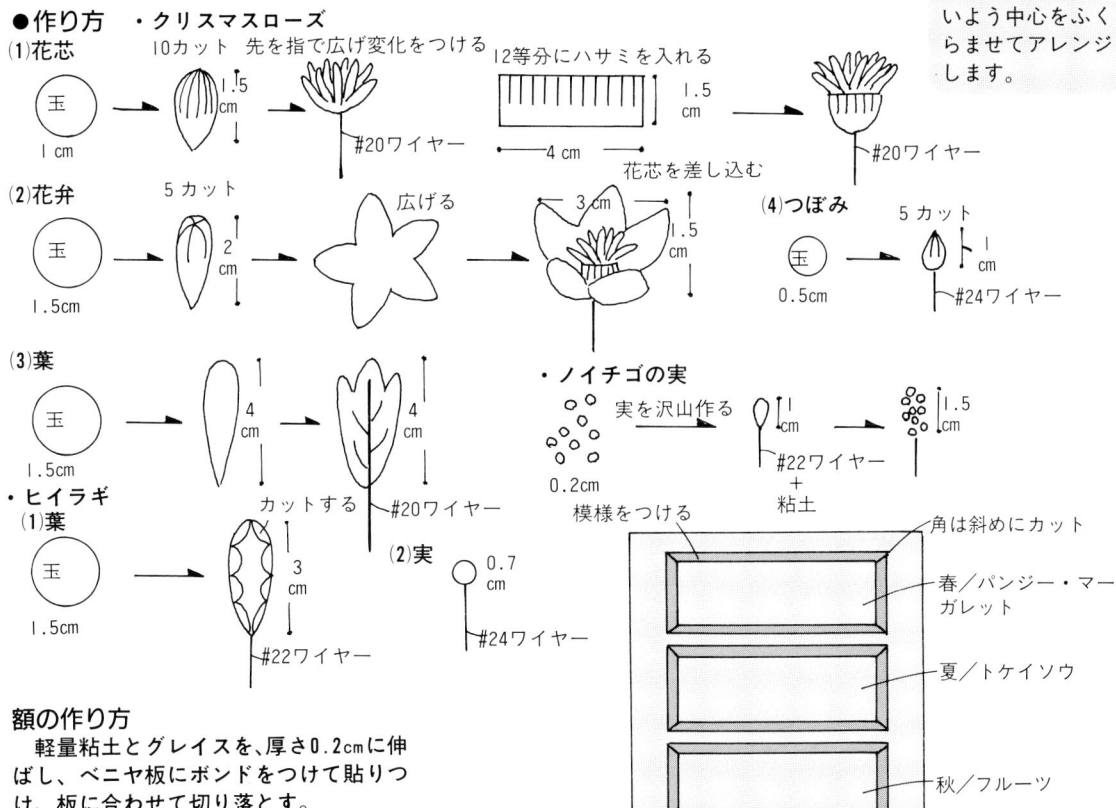

●作り方　・クリスマスローズ

(1)花芯　玉1cm → 10カット 先を指で広げ変化をつける 1.5cm → #20ワイヤー → 12等分にハサミを入れる 4cm 1.5cm 花芯を差し込む → #20ワイヤー

(2)花弁　玉1.5cm → 5カット 2cm → 広げる → 3cm 1.5cm　(4)つぼみ　玉0.5cm → 5カット 1cm #24ワイヤー

(3)葉　玉1.5cm → 4cm → 4cm カットする #20ワイヤー

・ヒイラギ
(1)葉　玉1.5cm → 3cm #22ワイヤー
(2)実　0.7cm #24ワイヤー

・ノイチゴの実
実を沢山作る 0.2cm → 1cm #22ワイヤー＋粘土 → 1.5cm 模様をつける

額の作り方
軽量粘土とグレイスを、厚さ0.2cmに伸ばし、ベニヤ板にボンドをつけて貼りつけ、板に合わせて切り落とす。

縁は太さ0.9cmに伸ばした粘土を、角を斜めにカットしてボンドで貼りつけ、新刻印で模様をつける。4枚の額を既製の大きな額に並べて貼る。

角は斜めにカット
春／パンジー・マーガレット
夏／トケイソウ
秋／フルーツ
冬／クリスマスローズ・ヒイラギ

〈インテリア〉

電気スタンド

カラー口絵15ページ

既製の電気スタンドをベースにして、粘土でおしゃれなスタンドはいかがですか。

土台の部分にユリやブドウ、クチナシを、笠にはクチナシとユリをアレンジしました。

●材料
グレイス・コスモス・マイネッタ・シェルリッチ、ワイヤー（#18・#22）、ジェッソ、アクリル絵の具、電気スタンドセット（774）

でき上がり寸法
縦60cm

●彩色

部分名	彩色
笠 柱 土台	全体に軽くジェッソを塗り、その上にジンクホワイト、アクセントにブリリアントパープル、ディオキサイジンパープル、プリズムバイオレットで紫の濃淡を出す。 笠は薄めに塗り、最後にパールホワイトを塗る

●作り方
・クチナシ

☆ポイント

最初に笠の部分、次にバランスを見ながら土台を作ります。土台は半乾きで、粘土が見えなくなるように花と葉をつけ、つや出し液で仕上げます。

(1)つぼみ　玉 1cm → 6カット 3cm

(2)全開の花
・花芯（6枚）　玉 0.5cm → プレス 1cm → 追いかけにつける

・内花弁・中花弁・外花弁（各6枚）　玉 → プレス → 外花弁にフリル
内花弁0.8cm　1cm
中花弁1cm　1.4cm
外花弁1.4cm　1.6cm

(3)ユリ　玉 2cm → 3カット 3cm →

・ユリ
(3)花弁（内花弁3枚・外花弁3枚）　玉 1.5cm → 2cm → 少しフリル 3cm
#18ワイヤー

(4)葉　玉 1.5cm → 2cm → 3cm

(1)おしべ　玉 0.5cm → 4、5cm
Aの笠　Bの笠

(2)めしべ　玉 0.5cm → 5cm
#22ワイヤー1/2を中に入れて巻く
先に粘土をつけて3本筋を入れる

ひも状の粘土をタックを取りながらつける

花びら0.5cmの粘土をプレスしてフリルをつける

7cm　5cm厚さ0.5cm
23cm　灯りとり厚さ0.1cm
5cm
9cm

まとめ
笠はAとBを3面ずつ交互につける

・**ブドウの実**　玉 1cm
笠はグレイス、コスモス
柱、土台はマイネッタ
花はシェルリッチ

〈インテリア〉
ルームアクセサリー　(ニゲラオリエンタリス)

カラー口絵12ページ

　コンポートを二段重ねて、花をアレンジしたおしゃれなルームアクセサリー。ときにはこんなアレンジも楽しい…。ニゲラはバラなどとアレンジすると相性がよく、ドライフラワーにもよく使われます。

●材料
ファリネッタ・コスモス(同量)、ワイヤー(#18・#26)、油絵の具、ペップ（茎白のもの）

でき上がり寸法／縦37cm

●彩色

部分名	練り込む色	彩色
花弁	ローシェンナー	レモンイエローを全体に塗り、基部にローズバイオレット、トランスペアレントをぼかして塗る。

●作り方　・ニゲラオリエンタリス

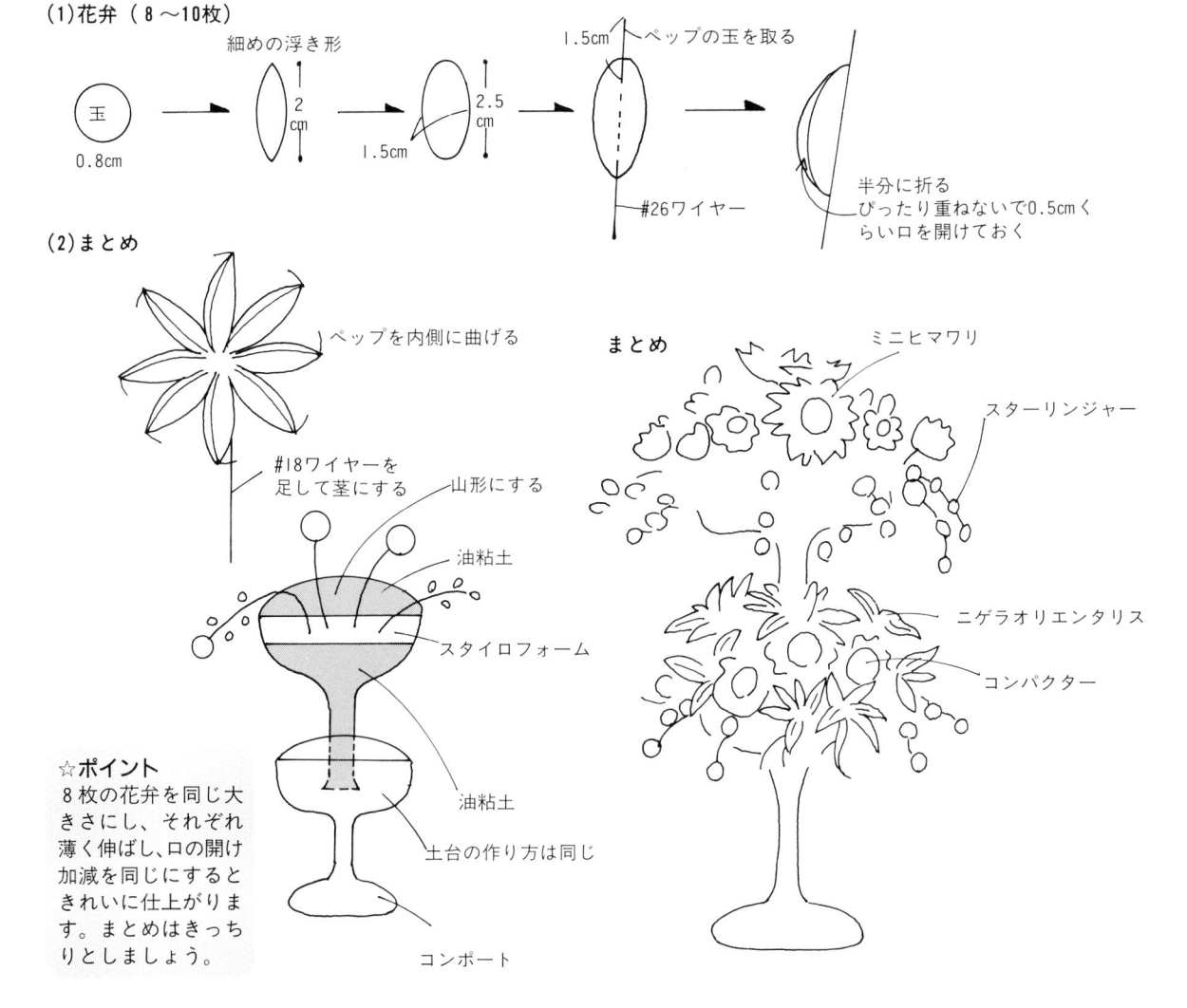

(1) 花弁（8〜10枚）

玉 0.8cm → 細めの浮き形 2cm → 2.5cm / 1.5cm #26ワイヤー → 1.5cm ペップの玉を取る → 半分に折る ぴったり重ねないで0.5cmくらい口を開けておく

(2) まとめ

ペップを内側に曲げる
#18ワイヤーを足して茎にする
山形にする
油粘土
スタイロフォーム
油粘土
土台の作り方は同じ
コンポート

まとめ
ミニヒマワリ
スターリンジャー
ニゲラオリエンタリス
コンパクター

☆ポイント
8枚の花弁を同じ大きさにし、それぞれ薄く伸ばし、口の開け加減を同じにするときれいに仕上がります。まとめはきっちりとしましょう。

作品解説

〈ちょっとした工夫とアイディアでできる素敵な作品〉

タペストリー

カラー口絵17ページ

正方形の粘土の板に、花や果物をのせ、銅線のリングでつないだタペストリーです。上下に穴をあけ、リングを通してつないでゆきます。

- **材料**／軽量粘土、太さ2ミリの銅線、アクリル絵の具、棒2本
- **作り方**
  - ・ツバキ
  台の上に①〜⑨の順にボンドでつけてゆく

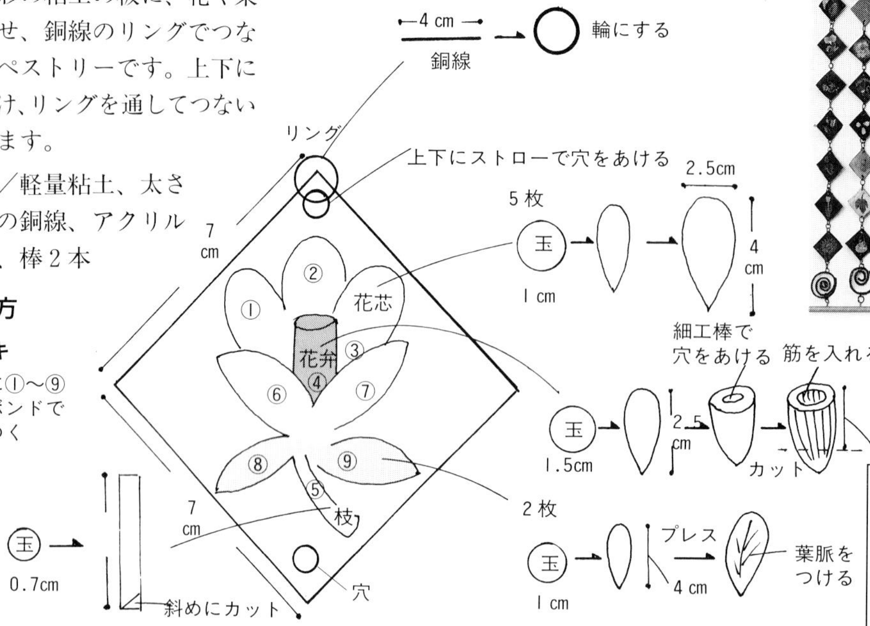

でき上がり寸法 縦100cm×横64cm

彩色／チタニウムホワイトとクリムソンレーキで花弁、レモンイエローで花芯、グリーングレー、テールベルトで葉と枝を塗る。

銅板の壁飾り

カラー口絵12ページ

ビヨウヤナギ、カラー、マツムシソウの実を銅板の上にアレンジしたアンティークな壁飾りです。ビヨウヤナギは空間を埋める動きのある花なので、横に広げずに少し長めにまとめます。

- **材料**／軽量粘土、#24ワイヤー、麻縄、けしの実、銅板（44×76cm）、アクリル絵の具
- **制作のポイント**／おしべはめしべより長くし、内側に曲がるように麻縄をしごいて表情を出します。
- **作り方** ・ビヨウヤナギ

(1) 花芯
(2) 花弁

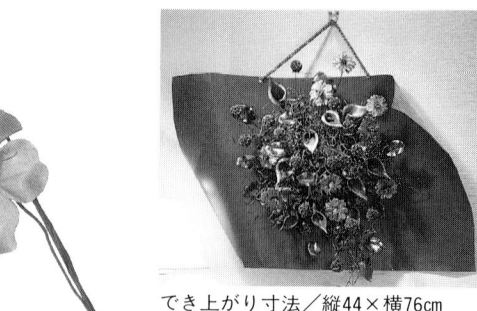

でき上がり寸法／縦44×横76cm

彩色／アンティークブロンズで地塗りをして、花芯にフーカスグリーンヒュー、花弁にブライトゴールドを塗り、パールホワイトでアクセントをつける。

銅板を軽く波打たせる

粘土の上に花をアレンジ

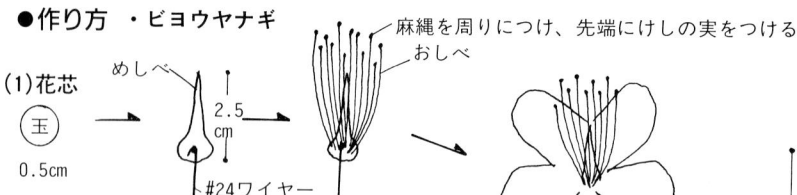

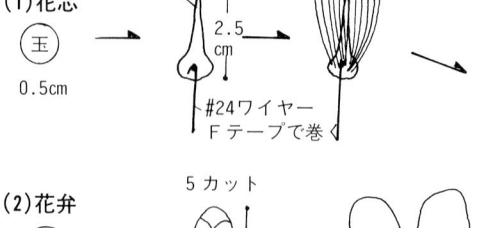

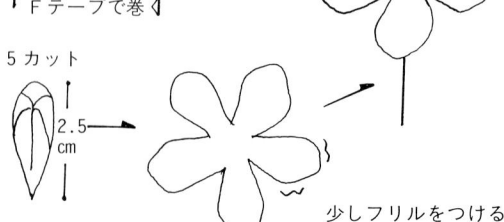

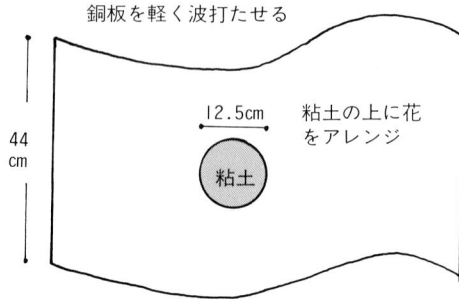

ウェディングハット
カラー口絵25ページ

　小花をガーランドにして帽子につけて、チュールで飾りました。ブルースプレーは小さくて飛んでいるような可憐な花です。

●材料／軽量粘土・フレッシュ・コスモス、ワイヤー(#28)、チュール、油絵の具、アクリル絵の具

●制作のポイント／厚さ0.5cmに伸ばした粘土で、つばとトップクラウンを作ります。ミニバラ、ブルースプレーをガーランドにしてつばの周りにのせ、チュールで飾ってリボンを結びます。

彩色／ブルースプレーはウルトラマリンブルー、モーブを練り込み、同色で塗り、ホワイトスプレーはチタニウムホワイト、グリーングレーで塗る。帽子はホワイトを塗り、パールホワイトを2、3回塗る。

●作り方
・ブルースプレー　　　でき上がり寸法／直径33cm

(1)花芯
(2)花弁

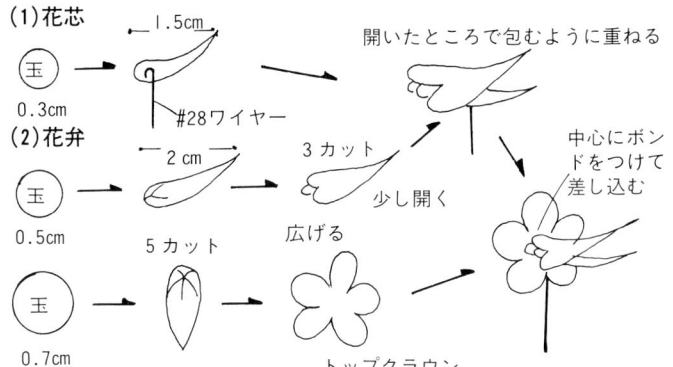

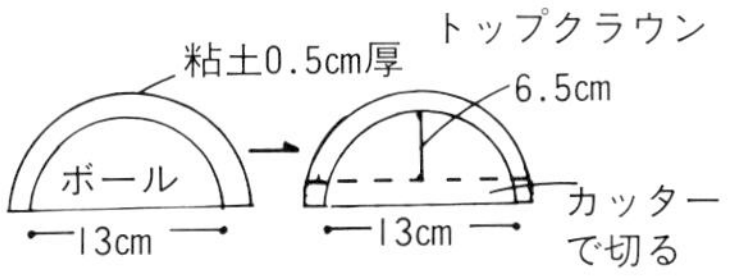

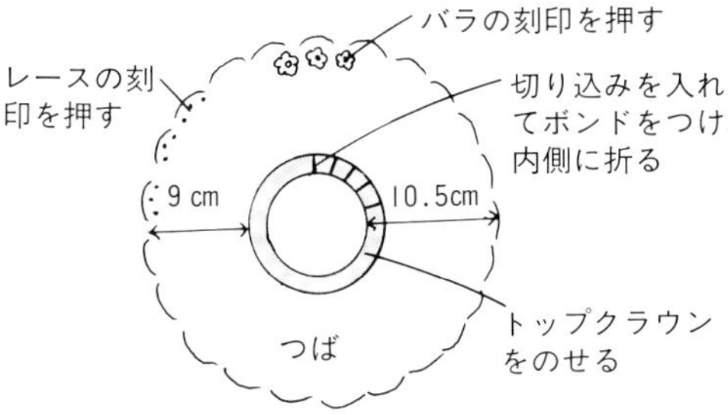

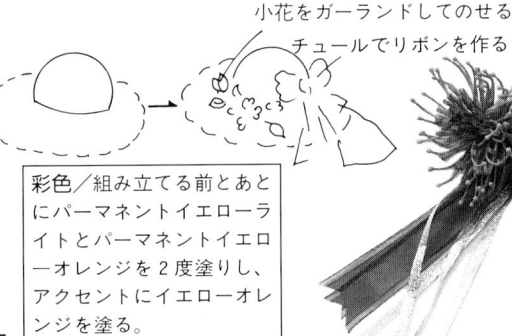

彩色／組み立てる前とあとにパーマネントイエローライトとパーマネントイエローオレンジを2度塗りし、アクセントにイエローオレンジを塗る。

ボトルリング
カラー口絵19ページ

　ちょっとしたパーティーやプレゼントに、こんな可愛いリングでボトルを飾ると素敵です。母の日にはカーネーション、クリスマスにはポインセチア、バリエーションはアイディア次第…。

●材料／軽量粘土・フレッシュ・グレイス、ワイヤー(#16・#28)、油絵の具、リボン

●制作のポイント／めしべやおしべは多めに作っておき、芯が柔らかい内に、めしべを内側に短く、間におしべを外側に長く、バランスよく差します。花芯が乾いてからめしべやおしべを曲げて表情をつけます。リングに花をつけ、リボンで飾って仕上げます。

●作り方
・ピンクッション
(1)めしべ (45本)
(2)おしべ
(3)芯
(4)リング

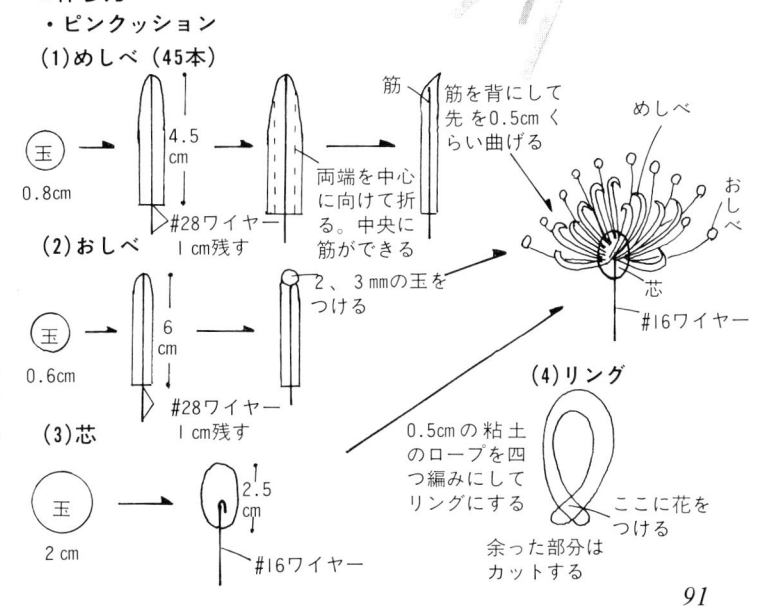

アクセサリー 〈軽量粘土を使った軽くて使いやすいアクセサリー〉

カラー口絵28、29ページ

小花のイヤリング

●材料
軽量粘土・フレッシュ、ラインストーン、イヤリング台、チェーン（2.5cm×8本）、油絵の具（白）、アクリル絵の具（チタニウムホワイト）

●制作のポイント
丸めた粘土を、手のひらで半分に押しつぶし、中央に穴をあけます。チェーンのひもを上から通し、チェーンは外側から下の中央の穴に差し込みます。その上に小花をのせ、中央にラインストーンを1個のせます。

●彩色

練り込む色	彩　色
白	チタニウムホワイト

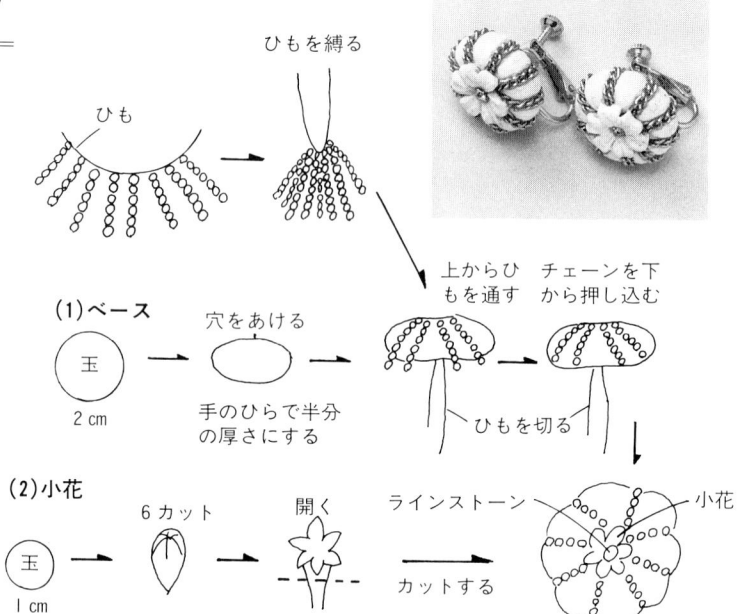

リングのイヤリング

●材料
軽量粘土・フレッシュ、ワイヤー（#26）、9ピン、イヤリング台、油絵の具

●制作のポイント
ヘアメーカーで、グリーンと白の2色を細長く作ります。

粘土にワイヤーを入れて芯を作り、中心から左右に巻いて、上中央でワイヤーを合わせます。

合わせ目を隠すために、絞った3本の粘土で上部を巻きます。

9ピンとイヤリング台をつけて仕上げます。

●彩色

練り込む色
チタニウムホワイト・テールベルト

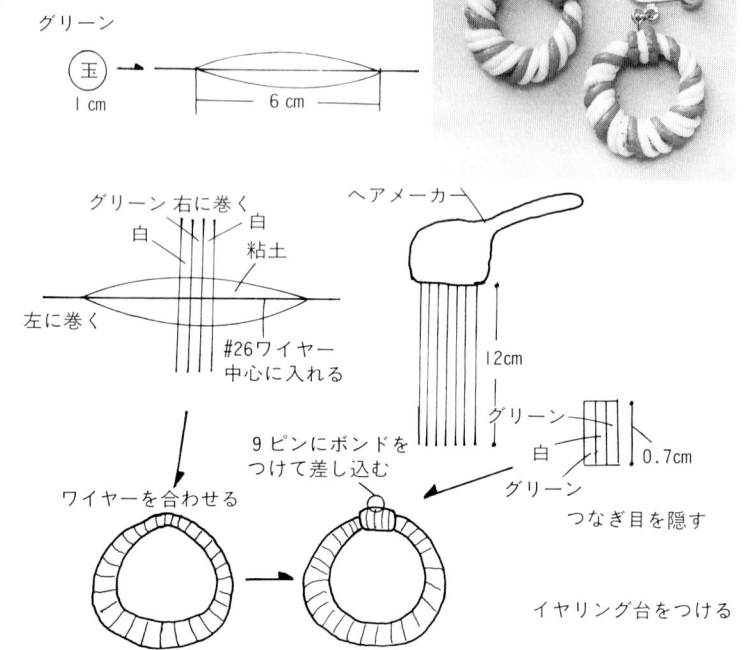

白いハートのブローチ

●材料
軽量粘土・フレッシュ、ビーズ20個、ラインストーン18個、ナイロン糸、ブローチピン、アクリル絵の具

●制作のポイント
　粘土を丸めて細く伸ばしたものを2本作り、後ろに幅1cmの帯をつけてハート形に組み、ラインストーンを1個ずつボンドをつけて押し込みます。
　白いバラと小花、葉を組み、ナイロン糸の先にビーズをボンドでつけて、花の間に差し込み、帯に取りつけます。帯の裏にブローチピンをつけます。

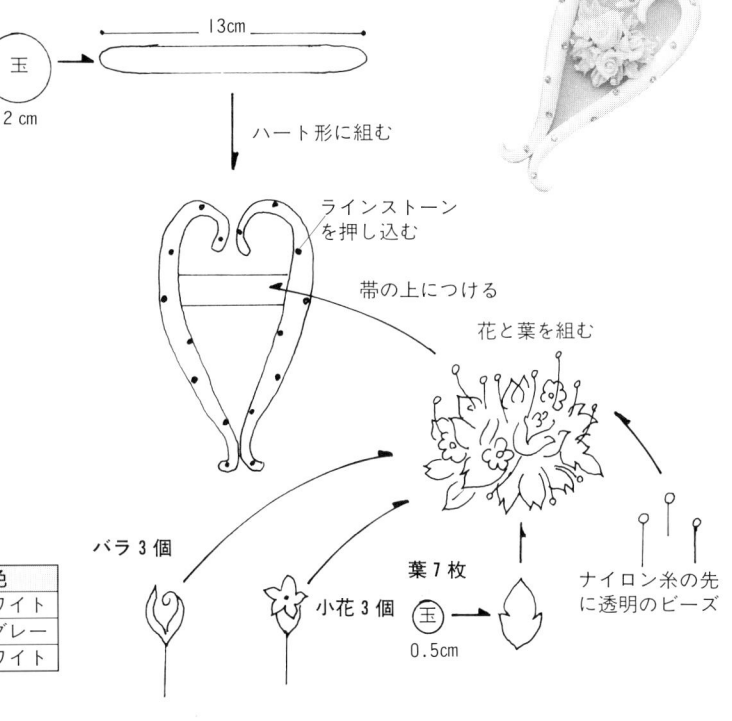

●彩色

部分名	練り込む色	彩色
花弁	チタニウムホワイト	チタニウムホワイト
葉	バイオレットグレー	バイオレットグレー
ハート	チタニウムホワイト	チタニウムホワイト

木の実のブローチ

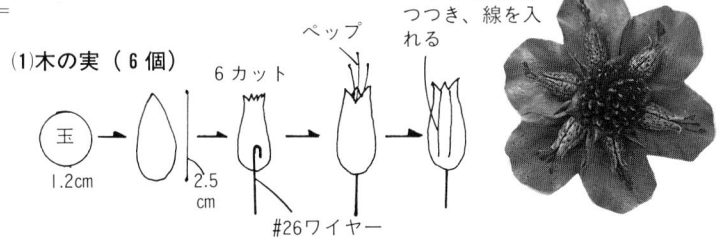

●材料
軽量粘土・フレッシュ、ブローチピン、ワイヤー（#26）、油絵の具、ペップ（大50本・小18本）

●制作のポイント
　粘土を丸めて涙形にし、フックしたワイヤーを下から入れ、上を6カットしてペップ小を3本差し込みます。全体をハサミでつつき、6本の線を入れて木の実を作り、フリルをつけた花弁大で包みます。
　ペップ大はワイヤーで1束にまとめ、花弁小6枚を周りにつけます。全体を組み合わせて裏にブローチピンをつけます。

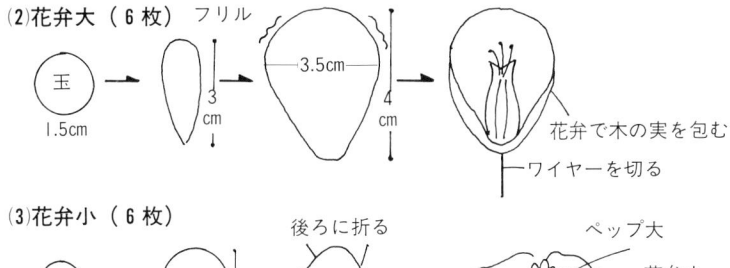

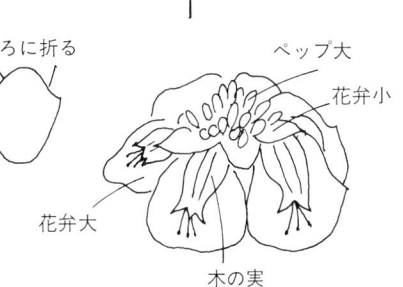

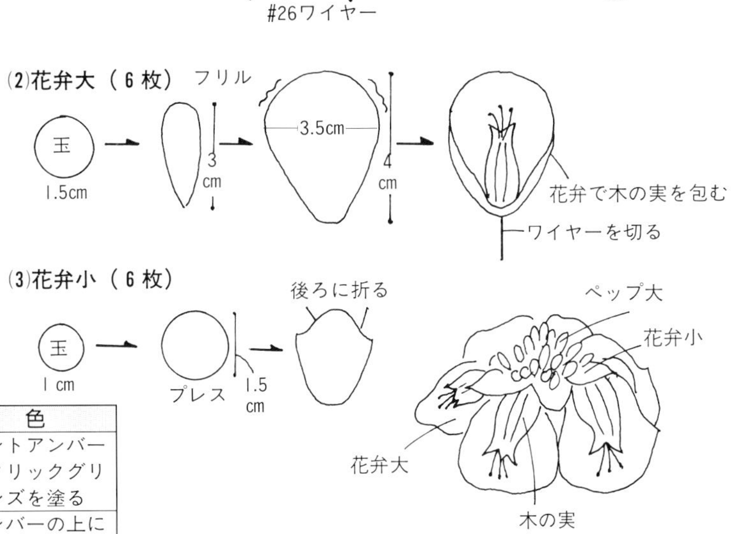

●彩色

部分名	練り込む色	彩色
木の実	バーントアンバー	全体にバーントアンバーを塗り、メタリックグリーンとブロンズを塗る
花弁大	バーントアンバー	バーントアンバーの上にブロンズとコパーを塗る
花弁小	バーントアンバー	コパーを塗る

三日月のブローチ

●材料
軽量粘土・ファリネッタ・コスモス・グレイス、ビーズ（ブルー系・ゴールド系少々）、ブローチピン、アクリル絵の具

●制作のポイント
粘土を厚さ0.3cmに伸ばして三日月形にカットローラーで抜き、三日月の縁のカーブを手で軽く押さえてきれいに整形します。

それぞれの部分に模様をつけ、彩色をして乾燥させ、裏にブローチピンをつけて仕上げにつや出し液を塗ります。

●彩色

練り込む色	彩　色
ブラック少々	コバルトブルー、ペイニーズグレー、ブライトアクアグリーン、パーマネントホワイトで濃淡をつけ、ゴールドでアクセントをつける

図案から型紙を取りカットローラーで抜く

直径0.3cmの棒状の粘土をボンドでつける

楊枝でつつく

ブローチ台の金属部分などを押し当てて模様をつける

細工棒でくぼみをつける

糸に通したビーズを接着剤でつけて糸を抜く

実物大

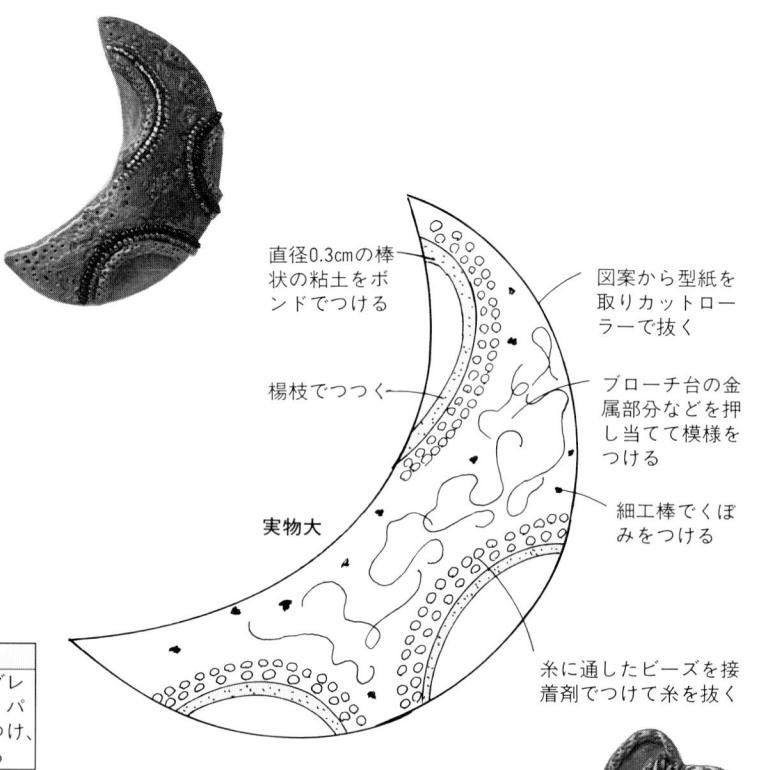

ハートのブローチ

●材料
軽量粘土・ファリネッタ・コスモス・グレイス、9ピン、輪かん、ワイヤーつき飾り石、ブローチピン、アクリル絵の具、ポスターカラー（金・銀）

●制作のポイント
粘土を厚さ0.2cmに伸ばして、ハート形に抜いて台を作ります。縁取りと内側の飾りは、直径0.3cmに伸ばした粘土を台に貼りつけ、別に作った花を中央にボンドでつけます。

彩色し、絵の具が乾いたらつや出し液を塗ります。

●彩色

練り込む色	彩　色
ブラック少々	パーマネントホワイト、ペイニーズグレー、コバルトバイオレット、コンポーズボルドー、マルーンで各部を濃淡をつけて塗り、ポスターカラーのゴールド、シルバーでアクセントをつける

実物大

裏側にブローチピンをつける

刻印で押して表情をつける

刻印で押してギザギザをつける

花

細工棒で筋を入れる

9ピン

飾り石をつなぐ

カットする
2枚重ねる

2cm
1.5cm
1cm
2枚作る

1cm
1.5cm
厚さ0.1cmにプレスし、型紙通りにカットしてハサミでダイヤ柄をつける

2.5cm
直径0.3cmの棒状の粘土に斜めに線を入れる

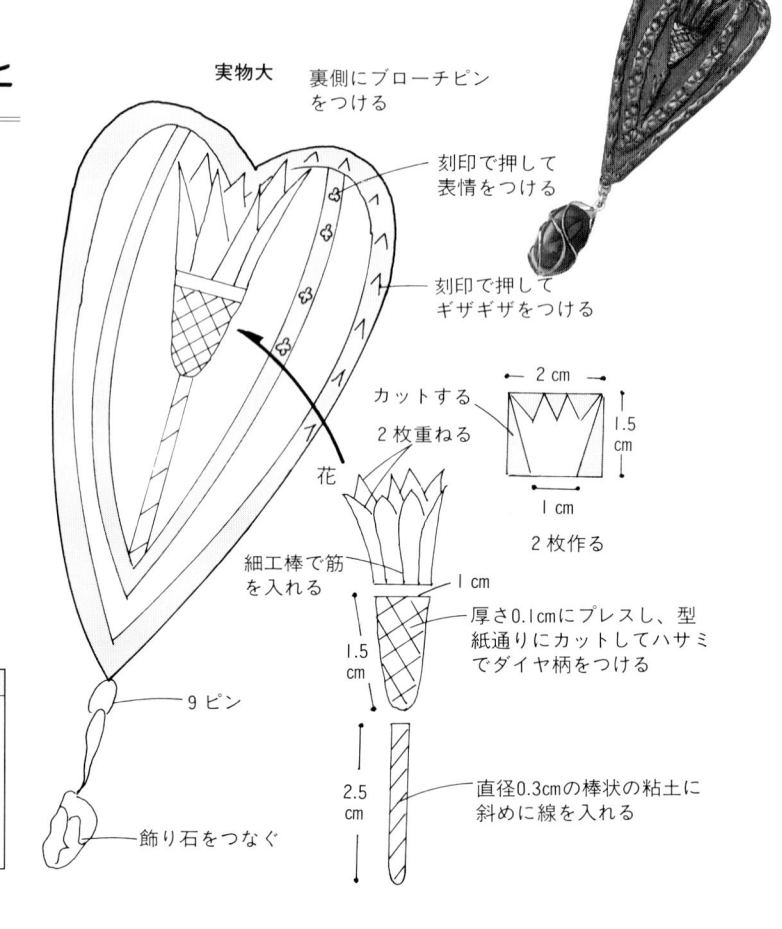

さち・フラワーデザインスタジオ教室一覧

教室名	講師	住所／電話番号	
本部　代々木教室	斉藤さち子	東京都渋谷区千駄ヶ谷4-29-12北参道ダイヤモンドパレス702	☎FAX03 (3408) 8544
【関東】			
妙蓮寺教室	斉藤さち子	横浜市港北区仲手原2-45-13飛鳥工芸内	045 (432) 0898
藤沢教室	猪狩美智子	藤沢市藤沢971鈴木ビル７階	自宅045 (921) 3946呼0466 (23) 5525
大船教室	坂場　節子	鎌倉市台	0467 (45) 6792
三井美術教室	三井いづみ	小田原市飯泉	0465 (47) 5570
足柄教室	鈴木　綾子	足柄上郡大井町金子	0465 (82) 4654
多摩教室	三浦美代子	川崎市多摩区生田	044 (966) 3549
本郷台教室	中野千佳子	横浜市港南区日野南	045 (895) 6255
百合ヶ丘教室	大沼ミヨ子	川崎市麻生区百合ヶ丘	044 (955) 2105
あやパンアート教室	阿部　綾子	相模原市上鶴間	0427 (48) 8135
相模大野教室	高崎由美子	相模原市上鶴間	0427 (48) 9265
小田原教室	小林　翠	小田原市国府津	0465 (49) 1133
生田教室	釜野井昭子	川崎市多摩区生田	044 (966) 7063
錦糸町教室	吉本　博子	江東区毛利	03 (3634) 7359
大島教室	千葉　朗子	江東区北砂	03 (3645) 8429
八千代教室	安林　公子	八千代市高津	047 (450) 6730
アトリエ圭	壬生　圭子	越谷市蒲生	0489 (87) 3255
アブロ教室	須藤　俊子	八街市上砂	043 (445) 6320
くげぬま教室	田村　睦子	藤沢市鵠沼藤ヶ谷	0466 (22) 4656
ヒロコパンアート	岡田　博子	千葉県富津市金谷	0439 (69) 8708
【東北】			
河北TBCカルチャーセンター	加藤　和子	仙台市青葉区中央1ターミナルビルエスパル5F	022 (266) 2272
八乙女中央教室	加藤　和子	仙台市泉区八乙女中央	
生出市民センター趣味教室	近藤　孝子	仙台市太白区山田北前町	022 (245) 1353
パンアート苗・東中田市民センター	阿部　早苗	仙台市太白区中田	022 (241) 1306
多賀城教室	遊佐　悦子	多賀城市栄	022 (367) 4958
河北カルチャーセンター石巻	遊佐　悦子	石巻市千石町4-42　河北新報社石巻支局ビル	0225 (96) 0503
フラワーサロンYAGI	八木　宏子	仙台市太白区八木山緑町	022 (229) 1503
パズカルチャーセンター	千葉　秀子	仙台市青葉区貝ヶ森	022 (278) 7815
パンフラワー向陽	河室とし子	石巻市向陽町	0225 (95) 3461
小牛田教室	上遠野てい子	宮城県桃生郡河南町広渕字新田	0225 (73) 2001
パンフラワー亘理教室	成田　節子	宮城県亘理郡亘理町吉田字中原	0223 (34) 6772
Reikoパンフラワー教室	三井　玲子	宮城県亘理郡山元町山寺字新物見前	0223 (37) 3366
桂教室	小野　節子	仙台市泉区桂	022 (371) 2440
恵子パンフラワー教室	鈴木　恵子	仙台市若林区大和町	022 (237) 3536
パンアートフミコ	両角　文子	仙台市泉区松綾	022 (374) 2588
大船渡教室	鈴木　順子	大船渡市大船渡町永沢	0192 (25) 0557
河北カルチャーセンター一関	中嶋美恵子	一関市八幡町1-37　一関河北ビル	0191 (23) 2156自宅0228 (32) 3191
パンフラワーNAKANO	中野美枝子	陸前高田市高田町字並杉	0192 (54) 4884
一関教室	佐々木和久里	一関市大町	0191 (23) 1222
パンアートヨーコ	内藤　洋子	宮城県遠田郡小牛田町北浦字浅野栄治前	0229 (34) 3052
ゆきパンアート教室	小川夕起子	仙台市太白区中田町後河原	022 (241) 9073
シュミットハウス 趣味人家	大場紀枝子	宮城県登米郡迫町佐沼字大網	0220 (22) 3797
パンアートフラワー若生	若生志津子	宮城県栗原郡築館町伊豆	0228 (22) 2677
津田淑子教室	津田　淑子	宮城県栗原郡一迫町柳目字曽根中河原	0228 (52) 3242
【台湾】			
翠瓊花藝	周　翠瓊	中華民国臺灣省臺中市東光路848號	臺灣04 (437) 4355自宅037 (66) 1208

著者紹介

1967年	東京フラワーアカデミー教師養成科卒業後、東京・下落合にフラワーデザイン教室開設
1970年	パンフラワーの研究に着手、展示会、講習会などの活動を開始
1977年	テレビ出演(フジテレビ・仙台放送にて普及活動)
1978年	メキシコ研修旅行
1978年	日本手工芸文化協会美術展覧会にて入選
1981年	作品展(三越銀座店)に出展、三笠宮妃殿下ご来展(著書「パンフラワー」をご説明)
1982年	15周年作品展開催(新宿センタービル51F・朝日生命ギャラリー)
1993年	台湾省の台北・高雄にてパンアートの普及活動
1999年	東京銀座画廊美術館にて第20回作品展開催

日本パンアート協会会長
さち・フラワーデザインスタジオ会長

著書

パンフラワー―華麗なる色彩の饗宴(主婦の友社刊)―1980年
パンフラワー作品集(監修) 1988年
パンアートの花(マコー社刊) 1992年
パンアートコレクション(マコー社刊) 1997年

斉藤さち子
(さいとう さちこ)

制作協力者

阿部　綾子・阿部　早苗・猪狩美智子・伊澤　靖子・大沼ミヨ子・大場紀枝子・小川夕起子・岡田　博子
小野　節子・加藤　和子・釜野井昭子・上遠野てい子・河室とし子・小林　翠・坂場　節子・佐々木和久里
佐藤　春江・鈴木　綾子・鈴木　恵子・鈴木　順子・鈴木　文枝・高崎由美子・田村　睦子・千葉　朗子
千葉　秀子・塚本　信子・堤　浜子・中野千佳子・成田　節子・三浦美代子・三井いづみ・三井　玲子
壬生　圭子・森本冨紗子・両角　文子・安林　公子・遊佐　悦子・吉本　博子

―軽量粘土をプラス―
お洒落なパンアートの花

著　者　斉藤さち子　　©2000 Sachiko Saito
発行者　田波清治
発行所　㈱マコー社
　　　　〒113-0033　東京都文京区本郷4―13―7
　　　　ＴＥＬ　東京(03)3813―8331(代)
　　　　ＦＡＸ　東京(03)3813―8333
　　　　郵便振替／00190―9―78826
印刷所　大日本印刷株式会社

macaw

平成12年4月19日 初版発行

定価はカバーに表示してあります。落丁・乱丁その他不良の品は弊社でお取り替えいたします。
ISBN4-8377-0100-0